JN071942

コンビニチェーン進化史

梅澤聡
UMEZAWA, Satoshi

イースト新書
120

はじめに

二〇一九年二月、東大阪市にあるセブン‐イレブン加盟店オーナーが、チェーン本部の同意を得ずに深夜の時間帯を休業にしたことで起こった「二四時間営業」への議論。当初はネット上に小さく報道されただけの、加盟店とチェーン本部との諍《いさか》いでしかなかった。その対立が、これほど大きな「社会問題」に発展することなど、オーナーも本部も想像していなかったに違いない。

近所にある居酒屋などが、「本日臨時休業」とするのはよくある話。1週間の盆休み、正月休みを取る店もざらにある。「行ってみたら休業でした」「えっ、それが何か?」というだけの話である。しかしながら、自然災害の被災地でもない限り、臨時休業の「コンビニ」は、多くの人が見たこともないだろう。深夜にコンビニへカップ麺を買いに行ったら、店が閉まっていた。そんな経験など、皆無であろう(北海道の一部を除く)。

明日、コンビニが開いてないかもしれない。深夜、コンビニに入れないかもしれない。

そんな世界を、ほとんどの日本人はイメージすらできなくなっている。東大阪市の加盟店は、コンビニの平穏な日常を揺るがしながら、深夜休業に踏み切った。

この対立について、本部の強い姿勢が災いしてか、世論は加盟店オーナーに加勢し、高圧的な態度で臨む本部と、独りで戦う加盟店といった図式が醸成《じょうせい》された。労働問題や環境問題の専門家、法律家、著述家たちも参戦して、各々の立場からチェーン本部に「改革」を迫っていった。筆者は三〇年以上にわたり、小売・流通業の取材や業界に向けた雑誌づくりに携《たずさ》わってきたが、コンビニが良くも悪くもこれほど脚光を浴びた一年はなかったといってよい。

ただし、この二四時間営業問題が、すべての起点であったわけではない。セブン-イレブン本部は、加盟店の人手不足と人件費の上昇を理由に、本部の利益に直結するチャージを削ってまで加盟店との利益配分を見直すなど、加盟店の厳しい環境をすでに認識していた。他のチェーン本部も同様に、加盟店支援を重要テーマにして改善に取り組んできた。

しかし、経済産業省が実施したコンビニ8社への大規模な加盟店調査によると、次期「契約更新」を前向きに考えないオーナーの急増は明確になっている。

改革は一朝一夕にできる話ではない。経産省の（当時の）担当官を取材した際、「そうは言っても、なかなか——(難しいですよね?)」と言いかけた筆者に対して、「でも、梅澤さん、放置してよい問題ではないですよね」と、担当官はきっぱりと語った。

東日本大震災をはじめ多くの自然災害に対して、社会のインフラ、生活のライフラインと期待され、支持されてきたコンビニ業界。コンビニは、人々の生活を支える役割をいつの日からか担ってきた。しかし、当のコンビニ加盟店からは、「私たちに、そんな責務を負わせないでほしい」といった切実な声も聞こえてくる。

経産省が主宰する有識者会議「新たなコンビニのあり方検討会」では、各界の専門家が各々の専門領域から次世代のコンビニのあり方を提言している。他にも、この1年間はさまざまなメディアにおいて、専門家たちがコンビニが持続し、発展するために必要な改革課題について発信している。

チェーン本部の中には「いや、尖がった意見を、どんどん発言してもらいたい」と、意外とスッキリした表情を見せる者も多い。正直なところ筆者から見て、勉強不足な発言や偏向した意見も多々あるとは思う。しかし、コンビニ業界というのは、創業期から外部の知見を取り込み、多大な協力を得たからこそ発展を可能としてきた。決して閉じられた業界ではないはずである。

まさにそんなタイヘンなとき、本書執筆の企画をいただいた。どのような時代の変遷を経て、コンビニが今あるかたちになったのか、その分岐点を草創期から現代まで、各々のテーマにおいて明らかかするという壮大なテーマだ。編集者は、今まで世の中になかった本だとも言う。確かに、コンビニの半世紀を一冊にまとめた書籍は見当たらない。お堅い歴史書ではなく、エポックをまとめたコンビニの「発展史」――それが本書である。コンビニ業界の転換期にあたり、ぜひ記しておきたい。そう願ってお引き受けした。

本書を執筆するにあたり、七〇年代から九〇年代にかけての内容は、筆者が在籍した小売・流通業の専門出版社、商業界の諸先輩方による記事、および雑誌に寄稿された諸先生の記事を主に参考にさせていただいた。特に、故人ではあるが、コンサルタントの阿部《あべ》幸男《ゆきお》氏、また現在も『月刊コンビニ』誌に寄稿いただいている川邉信雄《かわべのぶお》氏（早稲田大学・文京学院大学名誉教授）の調査研究には、敬意を表したい。

編集部の木下衛氏には、貴重なテーマをいただき、また本書の内容、進行に関して文字通り「叱咤激励」された。単行本のあとがきに、著者が編集者へ記すお決まりの謝意。しかし今は、この言葉しか思い浮かばない。あらためて感謝の言葉としたい。

コンビニチェーン進化史　目次

＊本文中、敬称は省略させていただきました。
＊掲載写真は特筆がない限り、すべて著者および編集部が撮影したものです。
＊掲載写真には閉店した店舗も含まれます。

第一章

「コンビニエンス・ストア」の夜明け

一　「セブン‐イレブン」創業に上がった反対の声

アメリカをモデルにした「チェーンストア」づくり

セブン‐イレブンの実質的な創業者である鈴木《すずき》敏文《としふみ》は、コンビニ展開を始める過程で多くの反対にあった。セブン‐イレブンの成功を誰もが認める後年には、「周囲の全員が反対した」と述懐している。総合スーパーをはじめとした大型店での安売りが当時の主流であり、コンビニのような小型で安売りなしの業態は、周囲の理解を得られなかったと鈴木は口にする。実際に、セブン‐イレブンを日本で展開できるのか不安視する識者も多かった。

　セブン‐イレブンを北米で展開するサウスランド社は、一九二七年に創業、テキサス州ダラスに本拠を置いている。鈴木が提携交渉を始めた七二年には全米各地に店舗を展開していた。当時、ダイエーをはじめとする日本の大手スーパーマーケットチェーンのいくつかは、セブン‐イレブンとの提携を模索していたと言われている。

当時から日本のチェーンストアの多くは、アメリカの小売業をモデルにしていた。スーパーマーケットはもちろん、ドラッグストア、ファミリーレストラン、企業でいえば、ダイエー、イオン、ニトリなどの創業者は、アメリカのチェーンストアを一生懸命に視察し、勉強して、それらを日本のマーケットに適応させるかたちで移植させてきた。

「店は客のためにある」という商人哲学を遺した倉本長治《くらもとちょうじ》は、一九二三年にすでに、アメリカの雑誌に掲載されたセルフ販売に関する記事を、日本で初めて紹介している。

その三〇年後の一九五三年、紀ノ国屋がアメリカをモデルにした日本初のスーパーマーケットを東京の青山に開業する。このようにアメリカの近代的な小売業は、日本のチェーンストアづくりのお手本になっていく。

フィリピンのルソン島でゲリラ戦を経験し、死を覚悟したという中内㓛《なかうちいさお》は帰還し、家業を手伝った後、一九五七年に「主婦の店ダイエー薬局（ダイエー一号店）」を開業する。薬品と食料品を安売りする店は、たちまち繁盛店となった。

中内が初めて渡米したのは六二年、アメリカのシカゴで開催された全米スーパーマーケット協会の創立二五周年記念式典のときだ。月刊誌『商業界』の訪米団の団長として参加している。そのとき、J・F・ケネディ大統領から届いたメッセージに、中内は強く心を打たれた。

「アメリカとソ連の差はスーパーマーケットがあるかないかであり、一時間の労働で買えるバスケットの中味の違いこそが米ソの差である」

スーパーマーケットを通して豊かさを実現しようと心に近い、当時四店舗の繁盛店をもとに、アメリカに学んだ本格的なチェーンストアづくりを実践する。衣料、食品、住居関連を総合的に品揃《しなぞろ》えする「総合スーパー」を展開し、七二年に百貨店の三越を抜いて小売業の売上ナンバーワンに躍り出る。

当時、ダイエーのライバルであった西友ストアーは、堤清二《つつみせいじ》が実質経営する西武百貨店を母体としたセゾングループ内のスーパーマーケットとして、一九五六年に創業する。後にサウスランド社と提携するイトーヨーカ堂は、一九五六年に伊藤雅俊《いとうまさとし》が家業を継いで、五八年に設立している。これら三チェーンは、ダイエーの首都圏進出を契機に、ライバルとしてしのぎを削ることになる。

他にも首都圏には、岩田孝八《いわたこうはち》の長崎屋、中京には岡田卓也《おかだたくや》のジャスコ（現イオン）、関西には西端行雄《にしばたゆきお》のニチイといった、当時の新興企業が小売業の中心勢力となっていく。

これら企業の経営陣は、アメリカのチェーンストアを研究し、自分たちのチェーン店にその仕組みを活かそうとする一方で、新しい乗り物（新業態）の開発を念頭に置いていた。
その中に、サウスランド社がチェーン展開するセブン‐イレブンがあった。

史上初のコンビニは製氷会社から

コンビニを最初に開発したのが、米国のサウスランド社である。では、その「セブン‐イレブン」は、どのような経緯で生まれた業態なのか。コンビニのルーツをたどってみよう。

原型は一世紀前までさかのぼる。同社の前身は、一九二七年六月にダラスに設立されたサウスランド・アイス社。社名の通り製氷事業が本業である。

ここでコンビニ誕生の萌芽が見られた。

当時、サウスランド・アイス社は氷小売販売所を展開していた。その一つを任されていたアンクル・ジョニーは、夏には日曜祭日なく毎日一六時間店を開けて、電気式以前の家庭用冷蔵庫に必要とされた角氷を販売していた。

アンクル・ジョニーの店は、毎日長時間営業をしたため、地域住民は氷以外の商品の取り扱いを望んでいた。夜間に子ども用のミルクを切らしたり、日曜日、教会の帰りに新鮮な卵を求めたりして、便利な店を必要としていたのだ。そこでアンクル・ジョニーは、ミルク、パン、卵、葉巻たばこ、缶詰など、一二品目を店舗で扱いたいと本部に提案した。サウスランド・アイス社は、商品を本部が提供することで合意。このときに「コンビニエンス・ストア」の概念が生まれたとされている。まさに、今すぐ使いたい、すぐに消費するものばかりである。これがコンビニが提供するサービスの原型である。

このサービスの成功をダラスの本社は、氷専門の販売だけではない、新たな成長の可能性と考えた。顧客の来店動機が増すことで、他の商品はもとより氷の売上増も期待できる。また、従業員を夏季だけではなく、年間を通して雇用することも可能になっていく。

サウスランド・アイス社は、この新たな氷販売店を「トーテム・ストア」と呼んだ。そのときの新聞広告で、コンビニ業態を次のように説明している。

氷および冷蔵品を備えた特色のある店舗が町中の便利な場所に立地しています。(中略)みなさまがトーテム・アイス・ストアでお買物をされるとき、自動車から降りられる必要はありません。自動車に乗られたままで、氷、卵、バター、ミルク、チーズ、冷たい飲料、その他一〇〇種類の商品について注文をくだされば、みなさまは運転席にお座りになったままで品物を素早くお受け取りになれます。

（『新版 セブン‐イレブンの経営史』川辺信雄）

こうして成功したサウスランド・アイス社は、一九四六年一月に店舗名を「セブン‐イレブン」へ正式に変更。その後、サウスランド社のセブン‐イレブンは店舗網を拡大し、五二年に創立二五年目で一〇〇店舗を達成、六〇年に五九一店舗、六五年に一八九四店舗、七〇年に三七三四店舗（うちFC店は一五三七店舗）に成長させている。

この急成長の背景として、アメリカにおける消費環境の変化が四項目挙げられている。この四項目は、サウスランド社がイトーヨーカ堂とのノウハウ提携を発表したころの考察であり、当時の日本のマーケットと比較すると非常に興味深い内容なので掲載したい。

①大型化したスーパーがむしろ買い物には不便になってきたこと。
②共稼ぎ世帯の増加が、市民の買い物時間の余裕を少くしたこと。
③所得の増大が、僅かの価格差より時間をとらない買い物を尊びだしたこと。
④余りにも機械的になりすぎたスーパーのチェック・アウトより、人間的接触の

あるカウンター・サービスが喜ばれだしたこと。

（『食品商業』一九七三年一一月号）

この四項目はアメリカにおける、ある調査報告書がもとになっているが、当時の日本の小売業関係者には、まだ実感のない指摘だった。

例えば、日本のスーパーの多くは、大型化する以前であり、店内には生鮮品の対面販売も多く、人間的な接触もある程度は満たされていた。また共稼ぎよりも、専業主婦がいる家庭のほうが主流であった。しかしながら、アメリカのような消費市場がやがて日本にも訪れるとすれば、セブン-イレブンのような持続的な成長が可能となると考えてもおかしくない。

アメリカのチェーンストア発展史

コンビニが日本に登場する以前の一九六〇年代、前述のように百貨店に代わる新興勢力は、「チェーンストアづくり」に邁進《まいしん》していた。その理論的な支柱が、「ペガサスクラブ」を率いる渥美俊一《あつみしゅんいち》である。渥美のビジョンは、優秀な人材を育成し、統一した店舗を出店し、お値打ち商品を開発すること。すべては大衆の生活を向上させるためだ。

渥美は一九五二年に東大法学部を卒業し、読売新聞に入社。経営技術の記事「商店のページ」を担当し、流通業の経営者を精力的に取材する。その過程で、在職中の六二年にチェーンストア専門のコンサルタント会社を立ち上げる。そして、読売新聞を退職後に、本格的なコンサルティング活動に入る。

中内㓛や岡田卓也は、「渥美先生」と親しく呼び、ニトリ創業者で世代が下の似鳥昭雄《にとりあきお》は、渥美俊一を師と仰ぐ。渥美の指導は、米国チェーンストア産業の徹底した調査から導き出された体系的な理論にもとづいた。

経営者や幹部候補生に対して、アメリカのチェーンストアの実物を見せて、試買させて、経験させる（食べる、着る、使う）。チェーンストア産業が、どれだけ人々の日常を豊かにするのか、理論だけではなく、身をもって体験させてきた。

その米国チェーンストア産業の発展史と比較して、当時イトーヨーカ堂に在籍していた鈴木敏文がリーダーとなり、日本への導入を試みようとしたセブン‐イレブン、あるいはコンビニエンス・ストアという業態は、どう判断したらよいのであろうか。

一言で言うと、日本では「順序が逆」なのであった。

アメリカでは、大型のスーパーマーケットチェーンがすでに郊外に進出していた。多くは二四時間営業であり、客は車を使って好きな時間に買物ができた。アメリカは大都市を除いて、カーショッピングが基本だ。国土面積は日本の二五倍、買物は車で乗りつけ、カート一杯の商品を購入して、自宅の大型冷蔵庫に放り込む。

そんな買物環境において、コンビニの存在意義は「補完」であった。スーパーマーケットで買い忘れた商品の買い足しに備える、あるいは酒やたばこ、といった購入頻度の高い商品を揃えることで、コンビニで買物をしてもらう、といった機能を持っていた。

一、二品を買うために、スーパーマーケットの広い駐車場に車を停めて、遠くの出入口まで歩き、さらに広い店内を歩き、人が並んでいるかもしれないレジで待つ。これは苦痛でしかない。一方のコンビニであれば、店のすぐ前に車を停めて、数分もかからずに、ビール缶六本入りを購入できる。したがって主（スーパーマーケット）ではなく、コンビニは従であると見なされていた。

イトーヨーカ堂とサウスランド社が提携した直後、したがって日本にセブン‐イレブン一号店がお披露目となる前年、経営専門誌『販売革新』に、次のような記事が掲載されている。アメリカにおけるコンビニ業態の位置付けについてである。

スーパーマーケットが、より十全な機能を果たす存在として、すでにあったからこそ、そこに若干なりとも欠けていたコンビニエンス性を補う形で、機能し、そこに存立基盤を見い出し《ママ》たものなのである。したがって、スーパーマーケットをポジとすれば、コンビニエンス・ストアは、そのネガなのである。
だから、スーパーマーケットが、より商圏を小さくし、より近隣性を高め、長時間営業を行なうようになれば、ネガは、それにつれて、消え失せるか、自らのありようを変えざるを得ない。

（『販売革新』一九七三年一〇月号）

『販売革新』はチェーンストア経営の専門誌であり、六三年四月の創刊時に、渥美俊一も創刊メンバーの一人として名を連ねている。筆者自身も当該の編集部に在籍した期間があり、渥美俊一がセブン‐イレブンの日本での展開に反対の立場を取っていたと聞いている。
同記事には「あるコンビニの本部を訪れたときに副社長から聞いた話」として、次のような発言を紹介している。

われわれにとって一番こわいのは、セーフウェイなどのナショナルチェーンだ。なぜなら、彼らは、数多くの店をつくるために、非常に商圏を小さく設定し、密度高く出店して来るからだ。それに、彼らは最近長時間営業も始めた。価格も圧倒的に安い。品揃えも豊富だ。だから、われわれは、自身の出店立地を選ぶとき慎重にならざるを得ない。立地選定を間違えれば、われわれは成立し得ない。

(同前)

当のコンビニチェーン本部ですら、自らの業態をスーパーマーケットの補完的な役割であると認識しているようである。冒頭で記した鈴木敏文が「反対された理由」も、アメリカに展開するチェーンストアの理屈からわかると思う。

コンビニ業態は日本に根付くのか?

一方で、先の記事は、コンビニの存在が「ネガ」であると指摘しただけで終わらない。アメリカのチェーンストア発展史から見ると、確かにスーパーマーケットの補完業態である。スーパーマーケットが長時間営業して、商圏を狭めてくれれば、コンビニは消え失せる存在かもしれない。しかし、それは米国チェーンストアの話にすぎない。ここは日本であり、日本特有の事情を抱えている。

記事の後半になると論調が反転する。アメリカのコンビニをそのまま輸入しても意味がない。サウスランド社がつくり上げたシステムを背景にして、「伸び悩むスーパーマーケットに代わって、消費者大衆の近隣に、路地から路地に、集落から集落に津々浦々に出現してくることが今望まれているのである。新しい革命的近隣商圏型最寄小売商業の誕生なのである」（同前）と、セブン‐イレブンが日本に登場する前から、かなり「前のめり」の期待を寄せている。

サウスランド社のセブン‐イレブンを日本でそのまま展開するのではなく、「サウスランドのコンビニエンス・ストアのシステムの最もすぐれたところを活かした、イトーヨーカドーの日本におけるコンビニエンス・ストアが登場してくるに違いない」（同前）と、ある種、期待を込めた予言を綴《つづ》っている。

記事はセブン‐イレブンが日本に出店する前に掲載されたものであり、出店以降のセブン‐イレブンの発展を思えば、慧眼《けいがん》としか言いようがない。ちなみに執筆したのは、当時同誌の編集長だった緒方知行《おがたともゆき》。鈴木敏文が最も信頼を寄せた流通ジャーナリストであり、親交は緒方が他界する二〇一五年まで続いた。

話をまとめると、アメリカのコンビニはスーパーマーケットの補完業態である、ところが、日本には、アメリカのような本格的なスーパーマーケットチェーンが存在しない。だから、コンビニよりもスーパーマーケットチェーンを開発するのが先であるはず。ここまでが、米国チェーンストア産業の経験法則をもとにした理論である。

一方で、本格的なスーパーマーケットが日本に存在しないとなれば、コンビニがその役割までも担っていく。それには米国セブン‐イレブンを、イトーヨーカ堂流のコンビニにつくり直せばよい。これが『販売革新』誌の好意的な見方であり、実際にセブン‐イレブンは日本型のコンビニを創造していくことになる。

「パパママ・ストア」の存在と「大規模小売店舗法」の制定

ここで日本の「特殊事情」にも触れておく必要がある。

第一に、当時、アメリカの市場とは異なり、日本に七一万店の食品小売店が存在していたこと。いわゆるパパママ・ストアと呼ばれた家族経営の生業店の近代化が求められていた。第二に、大型店の出店が自由にできない「大規模小売店舗法」が一九七三年に制定されたこと。これにより、ダイエーや西友、イトーヨーカ堂の出店に対して、中小商店の保護を目的に待ったがかかった。順を追って説明しよう。

第一の特殊事情について、当時の一般的な食品小売店は、従業員が一人ないし二人、早朝から深夜まで営業した。酒やつまみ、菓子、インスタント食品、調味料、惣菜《そうざい》、日用雑貨などを扱っている小売店である。

昔から地元で営業し、気配りがあり、深夜まで営業し、商店街など住宅地に近接して便利な店として役割を果たしていた。最寄品《もよりひん》のすべては揃わないまでも、コンビニの要件をある程度は満たしていた。コンビニの業態開発は、この七一万店の零細な食品小売業を対象にした面もあった。そこがアメリカとの大きな違いである。

そこで、一九七二年六月、中小企業庁は『コンビニエンス・ストア・マニュアル』を刊行、中小の食品小売店に対して近代的な小売業（コンビニ）への啓蒙を始めている。この中でコンビニを定義していて、現在の発展形態の原型を見ることができる。すなわち、

①立地は徒歩五分から一〇分で来店できる住宅地周辺。第一次商圏は五〇〇m程度。

②店舗面積は地価、土地確保の可能性、経営効率から考えて三〇〇㎡以下。
③品揃えは一品種あたりのブランド数の絞り込みが必要。最寄品とそれに準ずる生活必需品が主体で、一般食品、日用雑貨、軽衣料、薬粧品、たばこ、酒などとする。生鮮食品はセルフサービス販売ができるもののみとする。
④営業時間は地域内のスーパーマーケット、ならびに一般小売店よりも長く、年中無休を原則とする。ただし、当該地域に確立された休日などの慣行がある場合は、できるだけこれを尊重する。
⑤従業員は一人の管理者に若干名の店員が基本。二交替およびパートの採用も必要。
⑥組織形態はチェーン形態が望ましく、その場合はフランチャイズシステムの採用が考えられる。本部の強力なリーダーシップと指導のもとに各店舗は運営される。
⑦顧客との関係はセルフサービス方式を採用するものの、顧客との密接な人間関係の形成が必要であり、接客精神と技術が重要な意味を持つ。

とした。

米国では一九五〇年代にモータリゼーションが発展し、居住地がダウンタウンから郊外へとシフトしていった。郊外にはショッピングセンターが開発された。大商圏を対象とした今日の日本で見られる「イオンモール」のような施設から、スーパーマーケットとドラッグストアを組み合わせた小商圏を対象にしたショッピングセンターまでが、競争環境の中で、切磋琢磨していた。

アメリカの近代的なコンビニは、前述したようにショッピングセンターまで買物に行く面倒を解消する、酒や飲料、菓子、たばこといった最寄品を扱うことで便利な店として認知されている。

一方の日本には、便利な食品小売店がすでに住宅立地に存在していた。ただし、大半は零細小売店であるためにシステム化が遅れていた。

チェーンストア経営に関して著書も多い奥住正道《おくずみまさみち》は、当時のイトーヨーカ堂をはじめ、ダイエーや西友など流通大手企業がコンビニ開発に入る姿勢を、次のように評価していた。

新しい立地の創造によるコンビニエンス・ストアづくりではなくて、既存の食品小売店を含めた数多くの零細な小売店のいわばシステム化にあるといっても過言ではない。

だからこそ、体質の改善やシステム化のためのノウハウづくりがこの数年の目下の急務であり、これらのノウハウが適確に完成したあかつきにこそ、はじめてコンビニエンス・ストア時代がくるといえる。

（『食品商業』一九七四年八月号）

セブン‐イレブン日本一号店が登場した時期に、コンビニが日本で展開する意義を、零細な食品小売店のシステム化にあると奥住は看破していた。当の生みの親、鈴木敏文は翌年に行われた第三回MMF記念講演会で、システムの重要性を語っている。

とくに強調したいのは、システム産業であるという認識を持つことである。（中略）少なくとも500店舗以上のチェーン店をつくり、それをシステムで運営できるノウハウを身につけなければ、企業としてのコンビニエンスストアは成立しない。（中略）コンビニエンスというと、すぐに店のレイアウトや品揃え論議になるが、それは表面に現われた1つの現象であって、その裏側にあるシステムというものを理解しなければ、コンビニエンスを見る目を持ったことにならない。

（『食品商業』一九七五年一〇月号）

当時の小売業は、繁盛店づくりから始まり、店舗数を増やす過程で、チェーンストア化を志向した。セブン‐イレブンは、日本一号店からシステム産業を前提にチェーン化が図られていった。でなければ、サウスランド社と提携した意味はない。こうして食品小売業のシステム化を推進していく。

第二の特殊事情については、一九六〇年代後半より、全国各地でスーパーマーケットをはじめとする大型店舗の出店が急激に増えた結果、商店街を中心として中小小売店による出店反対運動が激しさを増すようになってきた。そこで一九七三年に旧百貨店法の対象を拡大する「大規模小売店舗法」が制定され、翌年に施行されている。

当時、コンビニのチェーン化を模索していたのは百貨店に代わる新興勢力であるスーパーマーケットグループである。ダイエー、西友、イトーヨーカ堂、ジャスコ、ユニー、長崎屋は、大型店出店の成長戦略が描けない中で、売場面積の小規模なコンビニに活路を見出そうと考えたのだ。

二　三大チェーンによる一号店の出店

なぜ「セブン‐イレブン」はフランチャイズから始まったのか？

イトーヨーカ堂がサウスランド社との接触に成功したのが、一九七三年になってから。提携交渉は同年五月からスタートした。当初サウスランド社は、合弁形態の事業を望んでいた。しかし、交渉にあたった鈴木敏文は、日本の市場に適した経営戦略が必要との立場を取り、エリア・フランチャイズ方式の採用を主張して、サウスランド社を最終的に合意させた。

提携発表時にイトーヨーカ堂は次の三つの方針を打ち出している。

①資本参加のないエリア・フランチャイズ方式によるライセンス契約である。
②一、二年間は実験店舗で研究する。
③将来はフランチャイズを中心とする。

「セブン-イレブン」神田神保町三丁目店

日本が求めたのは店舗オペレーションや商品マーチャンダイジングではなく、チェーンオペレーションだった。すなわち、情報システムや物流システム、会計システムなど、数千店を日本の国土で展開するための基盤づくりのノウハウである。

そのころ、江東区の豊洲で酒屋を営んでいた山本《やまもと》憲司《けんじ》は、コンビニ業態への転換に思いを募らせていた。一九歳のときに父親が急逝《きゅうせい》、家業を継いだが、酒屋の商売に矛盾を感じていた。

配達しても、店内で売っても価格は同じで、売掛けでも、現金払いでも、支払いは同じ金額。山本はこのまま酒屋を続けるのではなく、何か新しい商売をすることを志向した。そこでスーパーマーケットに興味を抱くも、酒屋の面積は狭くてかなわない。
そんなとき、コンビニ草創期に精力的な研究を重ねていた阿部幸男のセミナーに参加した。講演テーマは「中小零細企業の近代化とアメリカのコンビニエンス・ストアの実情」。山本は自店の面積で商売をするには、酒屋以外にコンビニしかないと考えた。
七三年八月、山本は、イトーヨーカ堂がサウスランド社と提携して日本でセブン‐イレブンを展開することを、新聞報道で知る。さっそくイトーヨーカ堂本社に、フランチャイズ店として営業したい旨を手紙にしたためた。

しばらくすると返事がきた。かいつまむと、〈今回のコンビニエンスストア展開について、当社としては、まず直営店を開き、アメリカでおこなわれている販売戦略が日本に合うかどうか検証してみたい。その後、たぶん一年ぐらいで、フランチャイズのシステムができると思われるので、そのときには連絡します〉という内容だった。企業としては綿密なリサーチが必要なのだった。

（『セブン‐イレブン1号店 繁盛する商い』山本憲司）

山本自身が著書に記しているように、チェーン本部はまずは直営店をオープンしてしっかりと検証した後、加盟店を募集するはずであった。ところが、一号店の話が山本の店に回ってくる。なぜか「いきなり」フランチャイズ店になったのである。当の山本は自著で次のように証言している。

それを鈴木専務が変更したのだった。その理由は次のようなものだった。
〈セブン‐イレブンの基本方針は、中小小売業の近代化と共存共栄を目指すフランチャイズ・チェーンの展開である。だとすれば初めからフランチャイズ店方式でスタートすべきだ。直営店で成功しても、フランチャイズ店で成功する保証はない〉

（同前）

これには少し説明が必要であろう。
アメリカで実績のあるフランチャイズ・チェーンであっても、日本で成功するとは限らない。直営店であれば、一時的に赤字を出しても「実験中」であるとして、時間をかけて修正すれば問題はない。しかし、中小の加盟店の場合、「検証」する余裕などなく、すぐに利益を出さないと店は回らなくなる。安定して利益を得られるビジネスモデルだからこそ、加盟者はいくばくかの資産を投じてオーナーになるのだ。

それにもかかわらず、一号店をあえて直営店にしなかったのは、おそらくスーパーマーケット大手企業への世間の目と、大規模小売店舗法の影響があったからだろう。大手企業から中小小売店を守るための法令であるから、小型店であっても、中小小売店の事業領域に分け入って競争を仕掛ければ、世論を敵に回すことになる。

ともに後述するが、ダイエーのローソンは、セブン‐イレブン一号店出店の一年後に大阪府の豊中市に直営店を出すも、地元の商店主たちからの出店反対運動にあい、以後は豊中市に店を出さないと声明を出している。西友ストアーのファミリーマートにいたっては、中小小売店の反対運動に嫌気がさして、自ら一年間にわたって出店を凍結させている。

こうした後の状況を見れば、「実験」とはいえ、直営で数店舗も出せば、中小小売店からは疑念と反発が出ると容易に想像できる。世間の注目が集まる日本第一号店であるからこそ、あえてフランチャイズ店にして、中小小売店との共存共栄をアピールする狙いがあったのではないか。

酒屋だった山本憲司の「缶ビール」への着眼

もちろん、本来は「実験」に位置付けられる一号店を小規模な酒屋が運営するのだから、チェーン本部側にも配慮はあった。儲からなくても酒屋時代の粗利益額を最低保証すること、それでも店がうまく回らなければ、チェーン本部の負担で原状回復することを、契約書に記しているのだ。

その第一号店の加盟店（豊洲店）と、第二号店の直営実験店（相生店）をデータで比較すると、興味深い相違がある。

売場面積は豊洲店二〇坪／相生店五〇坪。以下同様に、パートを含む従業員数は四人／四人＋α、商圏人口は二〇〇〇世帯／一五五〇世帯、年間売上高は一億八〇〇〇万円／一億五〇〇〇万円。その他の特徴として、豊洲店は酒、たばこあり、直営の相生店は、酒販免許（一般酒類小売業免許）がないため、酒なし、たばこあり、生鮮三品（肉・魚・野菜）を扱っていた。

親会社のイトーヨーカ堂は生鮮三品を得意としており、相生店はコンビニとはいえ生鮮品は捨て難かったのだろう。一方の豊洲店は一六坪の酒屋を改装したものの二〇坪が限界であり、生鮮三品を扱うスペースがなかった。

豊洲店の二・五倍の売場面積を持つ直営の相生店だったが、チェーン本部が主導して実験をしたにもかかわらず、売上は不調だった。次第に日販は三〇万～三五万円と低迷していった。

一方の山本の豊洲店は、売場面積は小さいものの、酒屋のメリットを活かして売上を急上昇させる。前出の著書によると、そのころのビールは瓶か缶だったが、缶ビールは「缶臭い」と嫌う人も多かった。しかし、新たに普及し始めたアルミ缶のビールは、従来の缶臭さがない。そこで山本は、銭湯帰りの客や独身寮の人たちに向け、「缶臭くない缶ビール」「すぐに冷える缶ビール新発売」とＰＯＰを付けて、積極的に売り込んでいった。

しばらくして鎌田さんから電話があり、豊洲店の売上げが急上昇している理由を訊ねられた。私が、ビールとつまみを買ってくれている銭湯帰りのお客様のおかげだ、と説明すると、そのことを鎌田さんが店舗オペレーションの責任者に伝えた。

（同前）

豊洲店が積極的に缶ビールを売り込み、売上が急上昇したことにより、チェーン本部は酒屋を中心とした加盟店開発にと一気に舵を切った。山本の「発見」がなければ、チェーン本部は直営店における生鮮三品の売り方にこだわって、前に進めなかったかもしれない。

豊洲店のオープンからわずか三年半後の七七年一〇月一日に、セブン‐イレブンは三〇〇店舗を達成した。そのうちオーナーの前身は、酒屋が一九二店舗（六四％）、食料品店四一店舗（一四％）、米屋一四店舗（五％）、洋品雑貨八店舗（三％）、その他、薬局、脱サラとなっている（『販売革新』一九七七年一一月号より）。

初期のセブン‐イレブンは、他チェーンに先行して酒販店の加盟を推進し、その成功事例を持って次の酒販店を獲得していき、スタートダッシュを成功させている。一号店が豊洲店であり、そのオーナーが山本であったことは、チェーン本部にとって僥倖《ぎょうこう》であった。

中内㓛が逡巡した「ローソン」の設立

ダイエーは、ローソン一号店を一九七五年六月一四日、大阪府豊中市の郊外にオープンした。セブン‐イレブン一号店から約一年が経過していた。

ダイエーはサウスランド社との提携を志向していたが、ライバル企業と目されていたイトーヨーカ堂が同社と提携したことで、新たな相手先として七四年一二月にコンソリデーテッド・フーズ社と提携、同社のCVS事業部門であるローソンミルク社の技術を活用することで合意した。七五年四月にはダイエーが全額出資してダイエーローソン社を設立し、中内㓛が社長として陣頭指揮をとった。

ローソンミルク社は、アメリカ中西部のオハイオ州を中心として、当時は約一〇〇〇店舗を展開していた。そのときの青地に白のミルク缶マークは、現在のローソンでも使用されている。もともとオハイオ州で牛乳販売店を営んでいたJ・J・ローソン氏が、毎朝牛乳を買いに来る客に向けて、加工食品や日用品など生活必需品を販売したのがきっかけであり、これは氷を買い求めに来る客に、生活必需品をついでに販売して成長したサウスランド社と同様である。

こうしてコンビニ事業を拡大したアメリカのローソンであったが、現在はすでに撤退しており、その看板は日本と、日本のローソンがマスター本部となったアジアにのみ引き継がれている。

「ローソン」神田神保町白山通り店

当初、ダイエーはコンビニ事業を展開するのか、あるいは見送るのか、中内㓛には迷いがあったという。コンビニ業態に精通していたコンサルタントの阿部幸男は、中内に請われて、その将来性について説明する機会を得た。阿部幸男は、そのときのやり取りを次のように綴っている。

CVSをやるべきかやらざるべきか、社長は四分六分でやりたくない口ぶりであったが、かなり迷っていた様子が察せられた。（中略）私のメモによれば、社長への提言として「大型店は所詮〝点〟である。ビッグといえども〝面〟を確保しなければば最後の勝利を得られぬことは、大陸の戦地で苦労された社長が一番よくお分かりのはず、ＣＶＳはやるべきである」と。これがグンと効いたようだ。いやこれは買いかぶりで、若輩の筆者の言などに動かされるハズはなく、むしろイトーヨーカ堂には負けられないという対抗心から意地で踏み切ったのか、そのあたりの真意のほどは分からない。

（『食品商業』一九七六年一月号）

結局、イトーヨーカ堂がセブン - イレブンの日本での展開権を得てから、わずか一年強の間に、アメリカのローソンミルク社と提携して新会社を設立し、一号店の開店にこぎつけている。このスピード感に中内㓛の闘争心が見て取れる。

新会社の部員はローソンミルク社から、出店立地、店舗レイアウト、品揃え、その他チェーンオペレーションのノウハウ提供を受けている。店づくりの基本は、現在のコンビニと通底していて、生鮮三品は扱わない、ディスカウントはしない、店舗の販促は一切やらない。ダイエー出身で占められる部員にとっては、自分たちが心血を注いだスーパーでの売上のつくり方を全否定されたようなものだ。果たして売上が取れるのか不安があった。

しかしながら、一号店の桜塚店は、平均日販四〇万円の予測が六〇万円に、二号店の桃山店は、同三〇万円の予測が五〇万円にと、計画をはるかに上回る結果を残した。これでローソンにおいて、一号店、二号店の動向から、利便性を軸にしたコンビニが、アメリカだけではなく日本においても成立することが理解できた。ローソンは、コンビニ業態が日本全国で展開できると確信する。

「新たなライフスタイルを提案する」という想い

ただし、一号店から多店舗化を推進するにあたり、店舗外観と品揃えの大幅な変更が施された。一号店をリポートしたいくつかの記事で確認できるのだが、店舗外観はレンガの壁を模したアメリカのローソンをそっくりそのまま採用し、日本語の文字を排除したデザインは、瀟洒《しょうしゃ》なイメージを強調している。店内の売場表示も、「Bread & Pastries」「Milk & Dairy Foods」など、日本語を使用せず欧米風の印象を強く与えている。

出色なのは、メインコーナーに位置付けた「Delicatessen（デリカテッセン）」の品揃え。ローソンはこれをパーティーフーズと呼び、不意の客や気軽なパーティー、ランチ、ディナーでの利用を提案している。ハム、ソーセージ、ナチュラルチーズを用途に応じてカット、スライスするサービスや、サラダをはじめとする惣菜類の量り売りを採用している。欲しいときに、欲しい商品を、欲しい量だけ提供する。アメリカの豊かなイメージにこだわった。今の時代でいうと、デパ地下の専門店に近い品揃えである。おそらくローソンミルク社の品揃えを採用したのだろう。これら洋風の惣菜に合わせて、朝七時と昼二時に店内で焼成する焼き立てパンのサービスも導入している。その結果、かなり重装備な一号店となった。

本来であれば、アメリカから学ぶのはコンビニのチェーンオペレーションであり、品揃えについては、日本人の嗜好《しこう》に合わせて置き換えるべきであろう。出店までに時間が足りなかったのか、契約上の問題があったのか定かではないが、筆者が思うに、中内㓛はアメリカの豊かなライフスタイルに対して、ある種の憧憬があり、日本では受け入れられないと即断するのではなく、そっくりそのまま提案することを是としていた節がある。

中内㓛は後年、コンビニ業態の展開について、自著で次のように語っている。

> 私の事業への挑戦は「薬」から始まった。次に「口から入るものはすべて薬」と考え、菓子、食肉と品揃えを増やした。（中略）商品の種類を増やすだけでな

く「買い物をする場」としての店も選べるように、専門店や百貨店をグループの中に抱えた。(中略)「ローソン」を開店したのもこの一環である。

(『流通革命は終わらない』中内㓛)

そして初期の店舗の品揃えについては、「当初、デリカテッセンを中心に『パーティーフーズ』を品揃えした。しかし、先を行きすぎたのか、この作戦は失敗に終わった」(同前)と総括している。

コンビニは単なる実需ではなく、新たな食生活やライフスタイルを提案することが使命である。その際に大切なことは、一歩先、二歩先ではなく、「半歩先」だとも言われている。日常的に利用する業態だからこそ、常に刺激を与えて、新たな消費を喚起していく。その意味では、中内㓛の志向したパーティーフーズは、二歩、三歩、先に行きすぎて、客がついてこられなかったのだろう。とはいえ、中内㓛の想いが結実した売場づくりに、豊かなライフスタイルを希求する想いは垣間見える。

セブン‐イレブンより一年強の遅れは余儀なくされたものの、ダイエーは以降、売上高日本一のパワーを背景に、イトーヨーカ堂のセブン‐イレブンを猛追していく。

自力のノウハウにこだわった「ファミリーマート」

今の若い世代に、日本におけるコンビニ一号店は、どのチェーンかと聞いてみると、だいたいはセブン‐イレブンと答えるだろう。少し勉強した人なら、鈴木敏文がアメリカのセブン‐イレブンと提携し、その一号店から日本のコンビニの歴史が始まったのだと答えるかもしれない。

筆者が『月刊コンビニ』の編集長になり立ての二〇〇四年ごろ、コンビニ一号店がどこかは、よく話題となるテーマであった。

アメリカのコンビニを明確に意識した業態開発としてとらえれば、一九六九年のマイショップ豊中店が先駆であろう。ただしすでに存在しないチェーンであり、セブン‐イレブン、ローソン、ファミリーマートのシステムとオペレーション、品揃えを基準にすれば、それをコンビニと呼んでいいのかは議論の分かれるところであった。セブン‐イレブン豊洲店も名前は挙がるが、現存するチェーンでいえば、北海道のセイコーマートや名古屋のココストアが先と考えられていた。

その伝でいえば、「ファミリーマート」を屋号に据えた店舗は、セブン‐イレブン豊洲店の前年である七三年九月に、西友ストアーが「ファミリーマート狭山店」をオープンし

「ファミリーマート」西神田二丁目店

ている。当時の写真を見ると、屋号は「F」の大きな文字の下にカタカナで「ファミリーマート」と記されている。売場面積は二八坪、営業時間は一一時〜二〇時、週休あり、生鮮品に注力していると報告されている。

その前段階として、西友ストアーは、七一年にミニストア部を組織の中につくり、同年七月に所沢、八月に鷹取、九月に狭山と、埼玉県内にコンビニ展開に向けた実験店を続々とオープンしている。当時、所沢ニュータウン店を視察した阿部幸男が同店の店長に、「これはスーパーですか？」と聞いたところ、店長は「CVS（コンビニエンス・ストア）です」と答えたという。

すると、ファミリーマートの屋号こそない

が、すでに七一年七月にコンビニ運営を自覚して営業していた店舗が存在していたことになる。セブン‐イレブン豊洲店の実に三年も前だ。ただし、店舗概要を見ると、店舗規模も営業時間も品揃えも現在の標準と異なっており、これをコンビニと呼ぶのは無理があるかもしれない。

大手三チェーンの中で先陣を切ったファミリーマートだったが、出店速度は他チェーンと比較すると慎重であった。七五年五月、西友ストアーは「ファミリーマート」四店舗目の「秋津店」で、ようやくコンビニらしい業態を確立する。一号店から一年八カ月が経過している。セブン‐イレブンは、七四年五月の一号店から、一年間で二三店舗を首都圏および福島、長野に出店している。その速度と比較すると、ファミリーマートは実験に十二分に時間をかけていた。これには理由がある。

一つには、アメリカのコンビニチェーンと手を組まずに、自前のノウハウにこだわったことだ。いわば純血主義を貫いたところに原因があった。アメリカの先行チェーンから日本が何を学ぶかは、チェーンによって異なるし、理念にも関わってくる。

ただし、コンビニという、人口二〇〇〇〜三〇〇〇人の小商圏で成立する本格的なチェーンストアは日本に存在しておらず、それゆえに立地選定から商圏のつくり方、小規模な店舗を支える商品供給体制、フランチャイズ・システムなど、アメリカのコンビニに学ぶところは多かったに違いない。

セブン‐イレブン、ローソンがアメリカの企業と提携し、一号店から快調に出店速度を高めたのに対して、すべてを自前で積み上げていったファミリーマートは、戦略的に不合理にも見えるが、借り物のノウハウではない自前のノウハウのほうが、血となり肉となると考えたのかもしれない。

その集大成となったのが、秋津店である。従前の店舗との違いは、青果、精肉、鮮魚の生鮮食品をほとんど置かなかったことだ。代わりに、酒類や惣菜、雑誌、雑貨類を強化し、野菜は漬け物を代替に、果物はデザート用に絞るなどして、コンビニ業態の優位点である即食性を打ち出している。売上は好調であり、この品揃えの変更により、主要客層が主婦層から独身男女にスイッチしている。

ファミリーマートは、この秋津店の成功から出店が加速するかに思われたが、実は思わぬ試練が待ち構えていた。前述した「大規模小売店舗法」の存在である。コンビニは大型店ではなく、出店規制の対象外のはずであったが、大手小売企業が経営するという理由から、コンビニの直営店ですら出店が困難な状況を強いられた。

西友ストアーは七六年七月に、コンビニの出店を中止すると声明を出した。大手企業（西友ストアー）が中小小売業の分野に進出すれば、直営店はもちろん、たとえフランチャイズ店であっても中小の利益の一部を得るのだから、秩序に反すると自ら理由を挙げた。もし西友ストアーが、この声明をかたくなに守っていたら、今のファミリーマートは日本にもアジアにも存在していなかった。ところが、一年後の七七年八月に復活する。大手企業が中小にコンビニ経営のノウハウを提供するのは、社会性にマッチするとして、先の出店中止を撤回し、再びファミリーマートは動き出した。

セブン‐イレブンの鈴木敏文は、個人の資産を担保として差し出すなど、不退転の決意でコンビニの事業に臨んだ。ローソンの中内㓛は、当初はコンビニの展開を逡巡したものの、ライバルのイトーヨーカ堂がセブン‐イレブンの展開を決めたことで闘争心を燃やした。それに比べ、西友ストアーは西武百貨店が親会社であり、グループのトップに立つ堤清二との間に距離があったのかもしれない。

ともあれ、国産コンビニのファミリーマートは復活し、先行するローソン、そしてセブン‐イレブンを追い掛けていく。

第二章

新興勢力参入による「コンビニ群雄割拠」

一　「新興コンビニ」が狙った差別化戦略

コンボストア業態で攻めた「ミニストップ」

セブン‐イレブン、ローソン、ファミリーマートの、いわゆる三大チェーンがしのぎを削る中で、現在、業界第四位のミニストップは独自の立ち位置を取る。店内で製造するコールドスイーツは子どもたちに人気で、夏になるとカウンター周りで商品の出来上がりを待つファミリーの姿が、ミニストップの夏の風物詩となっている。

二〇一九年現在の店舗数は約二〇〇〇店、セブン‐イレブンの一〇分の一である。日本の流通覇権を争うイオングループとセブン＆アイ・ホールディングスの各々の売上規模から見ると、ミニストップの店舗数は物足りないと映るかもしれない。

一方で、ミニストップとファストフード・チェーンの店舗数を比較すると、一位のマクドナルドが約二九〇〇店舗、二位のモスバーガーが一三〇〇店舗、ケンタッキーフライドチキンが一一〇〇店舗と、まったく見劣りしない数字と言えるのではないだろうか。

「ミニストップ」吾妻橋3丁目店

なぜファストフード・チェーンと比較するかというと、ミニストップが一九八〇年七月に登場した当初、ファストフードとコンビニを合体させた「コンボストア」としてチェーン展開を企図したからである。ライバルはセブン‐イレブンであり、マクドナルドでもあったのだ。創業当初に阿部幸男は、ミニストップのハンバーガーを食べて「M社、L社などより一段とうまいと思う」(『食品商業』一九八一年九月号)と太鼓判を押していた。

創業時、ミニストップが店内製造するハンバーガーには、ポークハムサンド二〇〇円、チキンサンド二五〇円、ビーフハムサンド二五〇円などがあり、たぶんにハンバーガーチェーンを意識した品揃えをしていた。現在はハンバーガーの店内製造は止めてしまい、夏のコールドスイーツに売上が集中する店内製造であるが、当時のカウンターの写真を見ると、ハンバーガーチェーンと見まがうようなメニューボードが、後ろの壁面に貼られている。

なぜミニストップは、セブン‐イレブンやローソン、ファミリーマートのようなモデルで勝負しなかったのか。当時、業態開発に関わった人に聞くと、「スタート時、すでにセブン‐イレブンが一〇〇〇店舗に達しようとする時期で、同じフォーマットで戦うのは難しい」と判断したからだという。

コンビニを出店するにあたり、母体であるジャスコ（現イオン）は業態開発プロジェクトチームを発足させ、流通先進国であるアメリカを視察し、ノウハウを持つ企業との提携も模索したが、最終的には新しい「器」を自分たちで創造する方針を固めた。

ではそこで、なぜコンボストアになったのか。

一つの業態だけではなく、成長性の高い業態同士を組み合わせて、一プラス一を二、さらに三にする可能性に賭けたのだろう。成長性の高い業態を組み合わせて力を倍増させて、先行するコンビニチェーンを追い掛け、競合しても負けない業態を志向したのだ。

成長性の高い業態の一方は、もちろんコンビニである。そして、同じく成長著しかったフードサービス業の中でも、職人を必要とせず、経験の浅いアルバイトでもオペレーションできるファストフードに狙いを定めた。三ケタ、四ケタのチェーン化を志向するのであれば、ファストフードは、コンビニとの相性も抜群に良いと考えた。

ミニストップ一号店開店の八〇年、外食市場は約一四兆円の規模に達している。外食市場は一〇年間で約五倍の成長を遂げてきた。中でも七一年七月に銀座三越の一階に出店したアメリカ発のマクドナルドは、七六年一二月に一〇〇店舗、七九年一〇月に二〇〇店舗と、破竹の勢いで進撃している真っ最中である。

ケンタッキーフライドチキンは、七〇年一一月に日本上陸。当初は出店立地をアメリカの主流である郊外に設定したところ、知名度が低かったために集客が上手にできずに撤退するも、マクドナルドが銀座の一等地で知名度を上げる作戦により成功したことで、ケンタッキーも同様に大都市から攻略する戦法に改めている。その後は成長軌道に乗せて、八〇年には売上一〇〇億円を突破していた。

ミニストップは八〇年七月一日、横浜市港北区の住宅地に一号店の「ミニストップ大倉山店」をオープンする。初代店長には、現在のイオングループを率いる岡田元也《おかだもとや》が着任している。

当時の資料を見ると、店内レイアウトは、コンビニの売場とファストフードの客席を、レジを各々別にして二つにスペースを分けて運営していた。イートインコーナーは、保健所の指導により、当初は椅子席四、立ち席四に抑えたが、満席になる時間が多かったため、二号店の鴨居店では、客席を一六に拡大している。

ミニストップとしては、本格的なコンボストア、すなわちマクドナルドにファストフードで対抗できるだけの本格的な装備で臨むのか、あるいは簡略化したセミコンボ式がよいのか、社内でも議論があった。ファストフードを強化すると、確かに売上は上がるのだが、コストとして、人件費と設備費、光熱費が乗っかってくる。それらを吸収するには、売上を余計に確保する必要がある。

一方で、コンビニ部門の粗利益率が二五％想定なのに対して、ファストフード部門は五五％想定と高い。一般的な飲食店の粗利益率は七〇％なので、価格を抑えた分、飲食店よりは低くなるが、それでもコンビニ部門の仕入れ商品よりは格段に高い。ファストフードを売れば売るだけ、全体の粗利益率は向上する構造である。

コストを抑えることを重視するべきか、コストを脇に置いてファストフードの売上比率を高めるべきか、前例がないだけに多くの実験と検証が必要とされた。

一号店の大倉山店は、事前の調査で七時から二三時までの営業時間中に、店前通行量が三三六〇人とわかった。コンボストアが利益を生むには、五〇〇〇人は必要ではないかと社内で議論になったが、あえて疑問の残る立地に出店し、悪条件を克服できるかチャレンジを試みた。結果、ファストフード部門が徐々に売上を上げて、オープンから一年後にはコンビニ部門を加えた総売上が三割増となり、軌道に乗せている。

コンビニとファストフードの合体は、肯定的に見ると成長著しい最強の組み合わせ、否定的に見ると、どちらも中途半端。業界の中では考え方が真っ二つに割れた。

しかし、コンボストアにしたことで、思わぬ効果が表れた。当時のコンビニは学生や、二〇代、三〇代の独身男性がメインの顧客層であり、今と違って女性客は少なく、ましてファミリー層の利用はごくわずかにとどまっていた。それが、ファストフードが吸引したことによって、子ども連れの主婦にも利用動機が生まれた。こうした客層の変化がコンビニ部門にも波及して、婦人向けの女性誌が他チェーンの五倍、ベビー用品やファンシー雑貨、エンド陳列したサンリオのハンカチなども非常に売れたという（『食品商業』一九八一年一〇月号）。その点で、客層を拡大した画期的な試みであったと評価できる。

ただ、一つ誤算があったのが、マクドナルドの圧倒的な店舗数の拡大である。八〇年ごろは三〇〇店に届く程度であった。しかし、八五年には五〇〇店舗となり、九三年には一〇〇〇店舗を超え、九九年には三〇〇〇店舗を突破している。

バブル崩壊後の九〇年代は「バリューセット」によりお値打ち感を前面に出し、単品価格も下げて消費者の支持を得た。二〇〇〇年には平日半額により、ハンバーガーを六五円にまで下げてデフレ経済の象徴とも見られた。

ミニストップのファストフード部門にとっては、単体で戦える相手ではもはやなく、春夏のコールドスイーツの訴求、あるいは、コンビニ＋ファストフードの「利便性」を軸にした集客方法へとスイッチしている。九五年には、かき氷をパフェ感覚で提供する「ハロハロ」を店内製造商品として発売し、夏のスイーツとして定着させ、独自の商品分野を開拓して、他のファストフードとの差別化を試みている。

ちなみに、ミニストップの屋号の由来は次のように記されている。

近くの街角にありちょっと立ち寄れるところという意味の「Minute Stop」から日本人になじみやすく『立ち止まって、次に前進する』という意味も込め、発音しやすく、親しみやすい『ＭＩＮＩＳＴＯＰ』になりました。

（ミニストップHPより）

ストップには「立ち寄る」の意味がある。阿部幸男によるとミニストップ創業当時、アメリカのコンビニで店名に「ストップ」を冠するチェーンは、ショート・ストップ、キック・ストップ、ストップン・ゴー、ストップン・ショップ、ストップン・サーブ、リトル・ショートストップなど、非常に多かったという。

ユニーの総合力を背景に拡大した「サークルK」

ミニストップが一号店を出店した一九八〇年七月、セブン-イレブンは契約済みも含めると、すでに八五〇店規模に達していた。ローソンは一五〇店、ファミリーマートは七〇店で、完全に水をあけられていた。セブン-イレブンは同年、一〇〇〇店舗を超える計画を表明しており、怒涛《どとう》の進撃を続けていた。

当時、セブン-イレブンの成功を見て、出店を決意、あるいは本格化させたのが、ダイエーや西友、ジャスコのような総合スーパーを展開していたグループだ。総合スーパーとは、地下一階に食品と日用品、一階に婦人服、二階に紳士&子供服、三階に家電&スポーツといった店舗をイメージすれば、わかりやすいだろう。毎日の食品から、少しおしゃれな衣料品、生活を豊かにする品揃えにより、大衆生活全般をカバーしていた。

売上一位のダイエーはローソンを、二位のイトーヨーカ堂はセブン‐イレブンを、三位の西友ストアーはファミリーマートを展開し、四位のジャスコはミニストップの多店舗化に着手した。これら総合スーパー企業は、関東と関西に商圏をつくり始めた。

他方、中京圏で狼煙を上げたのが、売上六位のユニーが手掛けるサークルKである。名古屋に本社を置くユニーは、アメリカのアリゾナ州フェニックスに本社を構えるサークルK・コーポレーションと、七九年一二月にライセンス契約をした。同月にはさっそく、研修生一八人を送り出し、ノウハウを学んでいる。契約期間は二五年、三年で一〇〇店舗、五年で五〇〇店舗の出店計画を公表した。

アメリカのサークルKは当時、創業三〇年にも満たない新興企業であったが、業界三位の一二〇〇店舗、年商一〇〇〇億円と成長著しく、アメリカ南部、西部を中心に出店攻勢をかけていた。後にエリアフランチャイジーにより領域を拡大し、今でも東南アジアを旅すると、セブン‐イレブン以外に看板を見かけるコンビニは、サークルKである。

「サークルK」杉並方南町駅店

日本のサークルKは、技術提携した一二月から、わずか四カ月後の八〇年三月一五日、名古屋市に直営一号店の「サークルK島田店」を、三月二六日に直営二号店の「サークルK鳴子口店」を開店する。

島田店は名古屋から地下鉄で約三〇分の住宅地に立地する。店前には駐車場を五台分用意し、入り口の上には丸で囲んだひと際大きなKを配した。売場面積四一坪は当時としては大型の部類に入るコンビニだ。営業時間は午前六時より深夜一二時までで年中無休。扱い品目三五〇〇は、現在のコンビニとほぼ同じ。特徴的なのはカウンター周りだ。

アメリカのサークルKオリジナルの「スラッシュ・パピー（かき氷に近い食べ物）」の

ディスペンサー、コーヒーサーバーや紙コップ、ジュースのディスペンサーを配置し、店内で食事をする人のために、電子レンジや電気ポット、椅子、ペーパータオルなどを提供した。

売れ筋は、地元企業の「めいらく」が製造する生ケーキ。冷蔵ケースに実験的に導入したところ、意外な人気商品になったという。主な仕入れ先は、ユニーと取引関係のある中京圏の企業が手を挙げた。一日二回の多頻度小口配送にも対応し、中京圏のコンビニ市場拡大に寄与した。

当時の事業部長で、後に合併会社サークルKサンクスのトップに立つ土方清《ひじかたきよし》は、「加盟店の一店たりとも、失敗は決して許されないという強い信念で臨みます」という言葉を残している。「店舗数は一店一店の積み重ねでしかなく、赤字店は絶対につくらない」と言い続けてきたセブン-イレブンを意識した発言であろう。

後発のユニーは、中京圏での圧倒的な資本力を背景に、店舗数を積み上げていく。当時はセブン-イレブンの進出も、西は福岡を除くと静岡まで。ユニーは、サークルKの集中出店を早期に図り、中京経済圏を固めようと考えた。中心に総合スーパーのユニーがあり、同じグループの食品スーパー「ユーストア」を衛星状に配置して、その周りをサークルKで固めていく、グループ全体による商圏の独占を構想したと考えてよい。

実は名古屋には、もう一つのコンビニブランドが、セブン‐イレブンが一号店を豊洲に出す三年前から存在していた。七一年七月に愛知県春日井市にオープンした「ココストア藤山台店」であるが、この酒販卸系のココストアは九年間でわずか五〇店舗しか出店できなかった。そのため中京圏は「コンビニ不毛地帯」と揶揄《やゆ》されてきた。

一つには車社会の影響があった。あくまでイメージだが、アメリカのコンビニは、車で乗りつけた客がビール半ダースを買って、さっと帰る利用状況である。対して日本は、タオルを手にした銭湯帰りの客が、ビール一缶とつまみを買って、のんびり帰る世界である。この時代のコンビニは、徒歩客を主体としていた。

しかしながら、サークルKは郊外ロードサイドにも積極的に出店をし、不毛の地と呼ばれた中京圏でコンビニ経済圏を拡大していく。ちなみに、セブン‐イレブンが愛知県に進出するのは二〇〇二年七月の豊橋店からで、サークルK一号店出店の実に二二年後のことであった。

生鮮品とカウンターフーズに注力した「サンクス」

後年、サークルKと合併するサンクスも、総合スーパー企業を母体としている。ユニーに次ぐ、総合スーパーの売上高七位だった長崎屋は、一九八〇年七月に別会社の「サンクス」を立ち上げ、コンビニ事業を開始し、同年一一月に仙台市で「サンクス八幡店」をひっそりとオープンした。翌年一一月までに仙台地区だけで、直営とFC計一一店舗のサンクスを開設している。

サンクス社長の橘高《きつたか》隆哉《たかや》は、インタビューで、「グループの息のかかった場所で、じぃーっと静かに実験したかったから」と答えている（『食品商業』一九八二年二月号）。仙台市で六三年に総合スーパーの長崎屋を出店して以来、地元の取引先とはパイプが太く、実験するにはうってつけの場所だったのである。マスコミにもほとんど登場せずに、果たしてフランチャイズ化できるのか検証を重ねてきた。

お披露目は八一年一一月オープンの東京地区一号店「サンクス野方店」。西武新宿線野方駅近くの青梅街道沿いに立地している。売場面積は二七坪、三三〇〇品目を扱い、二四時間営業する。東京地区では後発のサンクスには、他チェーンとの差別化戦略が求められた。

「サンクス」杉並和泉店

その一つが、青果、精肉、塩干、マグロの刺し身など、生鮮品の品揃えであり、売上構成比で一〇％を目指した。生鮮品は経時劣化が早く、扱いが難しい。食品スーパーであれば、鮮度が落ちると、カットして商品化したり、惣菜用に回したり、値引き販売したりと、各々の部門のベテラン社員が手をかけてロスの最小化に努める。

一方のコンビニは、責任者がほぼすべての商品に目を配るため、生鮮品に注力する余裕がない。それでも当時は、苦肉の策として採用し、首都圏で優位を誇るセブン‐イレブンに対抗しようと意欲を燃やしていた。

手をかけるといえば、カウンターフーズも差別化の武器とした。ざっと並べると、ハンバーガー一三〇円、フィッシュバーガー一七〇円、チキンバーガー二三〇円。これらは、長崎屋グループ内のハンバーガーショップからの技術供与により提供できた。他にも、ホットドッグ、フランクフルト、中華まん、おでん、アイスドリンク各種を揃え、さらにコーヒーだけで一日一五〇〜二〇〇杯を出していた。現在のコンビニコーヒーは一日一〇〇杯程度の販売なので、当時としては驚異的な売上を誇っていた。

満を持して東京に出店したサンクスは、首都圏で先行するセブン - イレブン、ローソン、ファミリーマートに戦いを挑んでいった。

山崎製パンが販売店を守るために出店した「デイリーヤマザキ」

山崎製パンがコンビニ事業に着手したのは一九七七年一二月で、セブン - イレブン一号店から三年後のことだ。それでも、これまでに挙げた総合スーパー系コンビニよりは、動き出すのは早かったと言える。

本来のメーカーの役割は、技術開発をし、原材料を加工し、製品を生産することだ。小売業、とりわけ開発が難しいとされる草創期のコンビニ業態に、なぜ山崎製パンは参入することになったのか。

「デイリーヤマザキ」新宿大ガード西店

山崎製パンは、四八年三月、創業者の飯島《いいじま》藤十郎《とうじゅうろう》が、千葉県市川市に山崎製パン所を開業したのが始まりである。和菓子、洋菓子とラインナップを拡充、食パンの量産化に成功して、全国各地に工場を建設する。製造能力を高め、量産体制を整えても、当時は物流から販売までが未整備であり、商品が消費者の手元まで十分に届かなかった。

創業者の飯島は、生産から物流、小売まで、自社が一貫して管理すべきと認識し、自社の物流網と、販売店の系列化を推し進めた。時代的には、家電の松下電器が、取次と販売を受け持つ特約店を各地に配置したのと同じ考え方である。山崎製パンは系列のパン販売店、「ヤマザキショップ」を全国に広げていく。

ところが、セブン‐イレブンが怒涛の出店を開始し、そこに新たなチェーンも現れて、コンビニを中心とする本格的な競争が始まろうとしていた。

山崎製パンにとって気が気でなかったのは、当時全国に五万店あった系列店である。一カ所で何でも揃うコンビニを店の近くに出店されたら、たとえパンの品質に自信があっても、競争していくには厳しい相手だと考えた。山崎製パンは、山崎パンの販売拠点である「ヤマザキショップ」を活性化する必要に迫られた。そこで七七年一二月に、コンビニ事業を推進するために「サンエブリー」を設立した。

最初に売場面積三〇坪の系列店の中から希望者を募り、コンビニ業態「サンエブリー」に転換した。ただ、系列店の多くは小型店であり、標準タイプのコンビニ業態に転換しづらい事情があった。そこで翌七八年には、小型コンビニ業態「デイリーストアー」を開発して多店舗化に弾みをつけた。

しかし、八〇年代に入り、各地でコンビニが増殖するにつれて、小型コンビニは不利な状況に追い込まれる。一〇～一五坪の売場面積で、その二倍はある他チェーンのコンビニ業態と真正面から戦うのは困難と判断した。

そうした状況下で小型コンビニ「デイリーストアー」を、パンの専門店「ヤマザキY

ショップ」に移行して、パンの品揃えの豊富さで差別化を図る店とした。また、デイリーストアーも移行するだけではなく、二〇～三〇坪への増床も積極的に進めて、他チェーンのコンビニ業態と戦える規模にまで拡大させていった。

デイリーストアーは立ち上げから一〇年後の八八年には、一七〇〇店舗を超えるまでに店数を増やし、サンエブリーの約三〇〇店舗と合わせると、山崎製パンのコンビニは約二〇〇〇店舗規模に達している。

コンビニ事業に参戦した当初は、系列店の活性化が主目的であった。しかし、一〇年を経過した八〇年代の後半になると、系列店のコンビニ加盟店化は一巡し、新規加盟店は、酒販店、米穀店、ガソリンスタンド、脱サラ組と多岐にわたるようになった。

二 「ローカルチェーン」拡大の波

北海道で大手に負けない勢力を誇る「セイコーマート」

現存するコンビニチェーンの中で、現在も営業する最も歴史のあるコンビニ店舗が「セイコーマートはぎなか店」である。酒類中心の食品卸、丸ヨ西尾の社員だった赤尾昭彦《あかおあきひこ》が、取引のある食料品店をコンビニに業態転換させたのが始まりだ。一九七一年八月、セブン-イレブン豊洲店の三年も前に、北海道でコンビニが誕生していることになる。

赤尾さんは、スーパーカブに乗って店にやってきて、棚を見ながら補給する商品を手帳に書いていました。翌日には商品が配送されてきましたね。そうこうしているうちに、赤尾さんの力を貸してもらってタバコや酒の免許が下りたので、71年に私（筆者注：1号店オーナー、荻中末雄）が32歳のときに『コンビエンスストア はぎなか』の看板を出して衣替えしました。

「セイコーマート」(写真提供:株式会社セコマ)

(「リアルエコノミー」二〇一〇年一二月二九日配信)

これより赤尾は、セイコーマートの実質的な創業者としてチェーン化に邁進し、二〇一六年に他界するまで同社の発展を支えてきた。

なぜ、これほど早くコンビニ事業に着手したのであろうか。その理由は、主要な取引先である食料品店の将来に危機感を抱いたからだ。当時、全国に七〇万軒あった零細な食料品店の近代化が、国の政策として浮上していた。

同様に丸ヨ西尾と取引の多かった酒販店も、家族経営からの脱皮が迫られていた。売上全体の中で配達が占める割合が高く、生産性の低さが課題であり、当時も人材難と後継者不足が深刻化していた。一方のスーパーマーケットは安売りを掲げて急成長している。いずれ「内地（本州）」から総合スーパー勢力が進出してくるのは、目に見えていた。現にダイエーは七三年に、イトーヨーカ堂は七六年から、北海道への進撃を開始している。

もう一つの理由は、中堅の食品卸である丸ヨ西尾自身の危機感であった。国分など大手総合卸が中小問屋の系列化を進め、総合商社も卸売りの各段階に介入を始めていた。スーパーマーケットが勢力を拡大すると、一社による大量販売が可能となり、メーカーとの直接取引も増えていく。中堅の卸売業にとって、メーカーと小売をつなぐ中核的な機能を果たすことが、この先も続けられるのか不安があった。

そこで浮上したのが、コンビニ業態によるフランチャイズ・システムの導入であった。すなわち卸売業がチェーン本部となり、酒屋を主とする中小商店が加盟店となって、双方の経営を安定化させるというものだ。

セブン‐イレブン、ローソン、ファミリーマートは、大規模小売店舗法による出店規制がかかる中、グループの新規事業としてコンビニをスタートしたのに対して、赤尾のセイコーマートは、自社の存亡と取引先支援という確固たる目的があった。

七一年の一号店から酒販店の業態転換を推進し、七四年に「セイコーマート（現セコマ）」を設立する。当時は取締役本部長の肩書であったが、実質的には赤尾自身が立ち上げた会社である。

〝取引先の近代化を図らないと、卸は駄目になってしまう〟という危機感から、既にコンビニチェーンが確立していた米国に渡り、通訳を雇ってオーナーや店長の話を聞くなどして、チェーン理論の研究を重ねた。米国のコンビニのレイアウトを手描きで写し取るなどして一号店を開設した。

（『月刊コンビニ』二〇一六年二月号）

会社設立時のセイコーマートの店舗数は一四。セブン‐イレブンは七八年に北海道に進出し、同年サンチェーン（後にローソンと経営統合）も出店、八二年にサンクスが進出する。セイコーマート設立から一〇年後の八四年九月末時点で、北海道内のコンビニ店舗数は、セイコーマート一五二店、セブン‐イレブン一四五店、サンクス五七店、サンチェーン五六店となっている。以降、道内においては、セブン‐イレブンがセイコーマートに肉薄する関係が続いていく。それは両チェーンが一〇〇〇店舗を超えた現在も同様である。

赤尾はアメリカのチェーン理論を研究する中で、システムの重要性に気がついた。製造から物流、販売にいたる一貫したシステム、それを支える情報システム。三〇坪の小さな売場と少人数の運営態勢。客の目に映るコンビニは、家族経営の食料品店を洗練させた程度の印象だろうが、コンビニを成立させるには盤石な仕組みが必要とされるのだ。

自社製造体制を確立させるために、七九年にはグループ内に食品会社を立ち上げて、惣菜の製造を開始し、その後は水産加工会社や乳業会社などを傘下に収めて、原材料の確保、および商品の製造に尽力した。物流網の整備にも早くから着手し、九〇年代初めにはすでに全道内の配送体制を築き上げている。情報システムについては、店舗にストア・オートメーション・システムを早期に導入し、発注から製造、仕入れ、配送、納品までの流れを管理、加盟店が販売に専念できる体制を整えると同時に、チェーン本部としてマーチャンダイジングの精度の向上に努めている。

赤尾は一九八四年に受けた取材で、次のように答えている。

売れ筋データは、あくまでも売れた筋なのです。ＣＶＳにとって必要な情報は、売れた商品の情報ではなく、明日これから何が売れるのかなのです。データからトレンド（傾向）を的確に読み取り、それに対応できるかどうかです。

（『食品商業』一九八四年一二月号）

過去に売れた商品を追いかけるのではなく、未来に売れる商品をどう見つけるのか、存在しなければ自分たちでつくるのか。特に回転の速いコンビニの商品は「鮮度」が命である。過去の商品が並ぶ売場では、安売りのスーパーマーケットと差別化ができない。コンビニの業態特性を、赤尾はいち早くつかんでいた。

そして、特筆すべきは「ホットシェフ事業（店内調理事業）」だ。九四年に立ち上げた事業で、赤尾が手塩にかけて育てたカテゴリーである。この時代、おにぎり、弁当、焼き立てパンまで、本格的な主食を店内調理する大手チェーンは存在しなかったが、赤尾は店内で一から調理をして、すべての対象店舗で同じ味と仕上がりを求めた。当時は大変に難しいチャレンジであった。

この店内調理には、北海道ならではの意義がある。北海道には飲食店に不自由する町や村が多く、そうした過疎《かそち》地にもセイコーマートは出店している。飲食店が存在しない地域にも店を出しているほどだ。

イートインスペースを備えているセイコーマートには、地域で数少ない、あるいは唯一の飲食店として機能している店もある。比較的長い時間、座って食事ができる施設は、住人にとって心強い存在となる。現在は、ホットシェフ事業の売上だけで年間一五〇億円を超えており、道内の外食産業においてトップの地位を確立している。

ヒントはアメリカの視察から得た。八〇年代にフィラデルフィアのミニ・スーパーを視察した際、店の真ん中に小さなテーブルが置いてあり、そこで若者たちが店内で購入したパンを食べ、牛乳を飲んでいる光景が赤尾の目にとまった。そこにイートインスペースと店内調理のヒントがあった。ちなみに牛乳についても、後に道北の広大な牧草地を生産拠点とする「とよとみ牛乳」を、自社専用商品として全店に供給するにいたっている。

取引先への支援、中堅卸売業の成長戦略、アメリカ視察、製配販一体のサプライチェーンづくり――ローカルのコンビニが、総合スーパー勢力による大手コンビニチェーンに敗れていく中、セイコーマートは北海道でセブン‐イレブンと互角に戦っていく。

独自の弁当を販売する広島発祥の「ポプラ」

総合スーパー系コンビニが出店エリアを全国に拡大、また酒販卸が取引先支援の一環としてコンビニの業態開発を進めていく。そんな中、ローカル各地でも、さまざまな業種が参入して、コンビニ業態の開発に挑戦していく。

広島に本社を構えるポプラは、海産珍味の製造卸売業を営んでいた、大黒屋食品が立ち上げたコンビニである。同社は一九四九年に卸売業として創業し、その後、海産珍味の製造加工工場を開設して、百貨店から食品スーパー、新興のコンビニまで、手広く商品を卸していた。

大学を卒業して大黒屋食品に入社した目黒《めぐろ》俊治《しゅんじ》は、三〇歳で先代より社長を引き継ぐ。しかし、単なる二代目で終わりたくない、父親が創業した仕事とは別の何かにチャレンジしたい、との気持ちを強く持っていた。

同社は卸売りの他に小売部門を持ち、百貨店にテナント出店もしていた。また広島市の繁華街に酒屋も経営していたが、目黒はこの「流川店」をコンビニ業態に転換して、ポプラの一号店とした。七四年一二月のことで、セブン‐イレブン豊洲店のオープンと同年であった。

「ポプラ」三崎町1丁目店

　当時においてユニークだったのは、コンビニの営業時間に着目して、深夜営業に踏み切った点だ。「ナイトショップ」と呼称して、ニーズの高い弁当と雑誌、それに酒と珍味を主体にした商品構成とした。

　七六年には大黒屋食品からコンビニ部門を分社化してチェーン本部を立ち上げ、多店舗展開を開始する。ここで出色なのは、本部を立ち上げた同じ年にすでに、弁当の製造会社を設立した点にある。当時の広島に品質の点で満足できる供給先がなく、自らが米飯と惣菜の供給会社を設立するしかなかった。米飯や惣菜、調理パンといったデイリーフーズの品質が、チェーンの評価を分ける大きな要因になると直感していた。

同時に、商品供給体制の整備が特に重要であると認識した。小さな売場面積の中で、鮮度の高い商品を高い回転率で提供していく仕組みが、コンビニには必要である。米飯や惣菜、調理パンは、八〇年代半ばより一日三便体制を敷いた。同時期に、パックに具材だけ入れて陳列し、購入するときに店内で炊いたご飯を詰めて提供する「HOT弁当」も開始した。現在は「ポプ弁」と呼ばれる商品であり、店舗においては手間ひまがかかるものの、競合チェーンとの差別化商材の役割を果たしている。

創業から一〇年経過した八四年までは体制づくりに注力し、二四店舗と出店数はゆるやかであったが、他チェーンとの商圏争奪戦の激化にともない、徐々に出店速度を速めていく。

他社が手を出さない北関東圏を固める「セーブオン」

群馬県は屈指の温泉大国と言われる。草津、水上、伊香保など、名湯がずらりと並び、首都圏から一泊二日、週末に車で往復するには手軽な旅行先として人気である。その道程で普段、見慣れない看板のコンビニが目に入る。山懐《やまふところ》に入り、商店や大手コンビニが姿を消しても、その看板のコンビニは山間部に静かに佇《たたず》んでいる。

伊勢崎市に本社を置く「いせやグループ（現、ベイシアグループ）」は、一九八三年八月に同グループ初のコンビニ「セーブオン渋川行幸田店」を開設する。セブン‐イレブンがすでに国内二〇〇〇店舗に近づき、群馬も含む関東圏に着々と店舗網を築いている最中である。首都圏は大手、中堅コンビニの激戦地域となり、茨城、栃木、群馬の関東圏も主戦場となりつつあった。

三年後の八六年、五〇店舗に達していたころ、前出のコンサルタント、阿部幸男が記事にはしない約束で、セーブオンの営業本部長と面談している。そのときの取材内容は後日解禁になるのだが、次のような大手との差別化を基本にしていた。

①コンビニに適さないと中央資本が二の足を踏むような立地でも採算に乗せる。
②人家が少ない場所でも車客に頼って出店するのが、親会社「いせや」の方針。
③当面の戦略として、人口が少なく、経済力の弱い地域に広域のネットを張る。

すなわち、初期投資や運営コストを抑制し、たとえ売上が低くても、店舗段階で利益を出せるノウハウを自分たちは持っている。それが、セブン‐イレブンなど大手チェーンに

「セーブオン」つくば国松店

はできない仕組みであり、出店立地や展開エリアにおける差別化を実現している、というのだ。人里離れた温泉地に店舗を構えていられたのも、損益分岐点を引き下げた、ローコスト経営によるところが大きい。

親会社の「いせや」は、一九五九年に創業した衣料品スーパーを祖としている。転機となったのが、七八年から始めたホームセンター事業である。ホームセンター事業も、米国チェーンストアをモデルとして日本に移植された業態であり、衣食住のライフスタイルの中で遅れがちだった、住居関連の豊かさを追求していた。日用品からインテリア、DIY用品などを主体とする、食品とファッションを除く生活すべてをカバーする業態である。

同じように、業種・業態を拡大する多角化経営の一環として、コンビニがあった。グループの総合力を高めるため、グループが経済圏を築く北関東から新潟にかけてのエリアで、セーブオンを配置していった。八六年には、群馬から商圏を拡大するために新潟地区本部を開設、八七年には山形地区本部を新設して、同年一〇〇店舗を達成している。こうした「人口が少なく、経済力の低い地域に広域のネットを張る」戦略を推し進めていく。

店舗の多くをロードサイドに配置し、店舗前面に駐車場を十分に確保した。車での利用が多く、男性客の比率が高かったため、当時はたばこや飲料、雑誌、米飯、カップ麺など、男性客が好む商品を充実させていた。

売場づくりは、先行するセブン - イレブンなどの大手コンビニを意識している。先行チェーンをお手本にしながら、物流、および情報システムを整え、ロードサイドに店舗をつなげていく。セーブオンは北関東を中心に出店ペースを速めていく。

地元密着で神奈川に地盤を築いた「スリーエフ」

北関東一円の人口密度の低いエリアを深掘りする、いせやグループのセーブオンに対し

「スリーエフ」杉並方南町店

て、横浜市に本社を置くスリーエフは、人口の多い経済力の強い地域で、店舗展開をスタートさせた。

　スリーエフは、神奈川でチェーン展開する「富士スーパー（現、富士シティオ）」のコンビニ事業として、一九七九年一一月に実験店舗の「栗木店」を開設、八一年三月に正式にスリーエフとして分社化した。母体となった富士スーパーは、ダイエーやイトーヨーカ堂のような総合型スーパーとは異なり、神奈川県を地盤とする食品スーパーである。牛鮮食品をメインに神奈川に牙城を築くことで、強い企業体質を培ってきた。

　スリーエフは神奈川を中心として、さらに東京、千葉に出店エリアを拡大し、首都圏のコンビニとして地歩を固める戦略を取った。首都圏は大手コンビニとの競合にさらされるが、利用者の若者比率が高く、二四時間営業にも耐えられ、購買力が高く、マーケットとして魅力的であった。

富士スーパーが手掛けるコンビニとして、神奈川では加盟店オーナーに対して信用力があり、仕入先も富士スーパーの取引先を活用するなど、食品スーパーを母体とするメリットを提供できた。また、スーパーとの共同買付けにより、お値打ちな商品を開発している。

例えば、コンビニの弁当によく使用する紅鮭。グループの輸入商社が、アラスカ産の紅鮭を開発輸入するために、アメリカに駐在員を常駐させて業務にあたった。この紅鮭を東北で加工し、横浜の弁当工場で製品化して全店に供給した。

こうしたグループのマーチャンダイジングは生鮮品に限らず、加工食品や雑貨にも及び、売上だけでなく、オリジナル商品として店の粗利益にも貢献した。店舗内の一部に、購入頻度の高い青果物の売場をつくるなどして特徴も出していった。

さらにスリーエフは、店舗数でははるかに及ばないものの、競合するセブン‐イレブンへの対抗心ものぞかせる。セブン‐イレブンが九三年にオリジナルパン「焼きたて直送便」を投入し、一日三便で出来立てパンを店舗に供給し始めると、スリーエフも対抗して、翌九四年には焼き立てパンを一日三回、弁当便に乗せて店舗に納品した。「フレンドリーサービス」の強化も行った。これは、いわゆる「接客」の強化である。成果が見えづらく、属人的なスキルに陥る傾向にもあるが、チェーン本部として、早くから接客にこだわっていた。

母体である富士スーパーを創業した菊池瑞穂《きくちみずほ》は、愛媛県の農家の出で、戦争から復員して上京すると、満足に食糧が調達できない時代に干し芋などを仕入れ、販売していた。

そんな過去もあってか、日々の商売の中で商人の心を大切にし、親しみやすい笑顔を心がけるように加盟店に提唱してきた。それを具現化するチェックシートをチェーン本部で用意するなど、あらゆる面で強敵となるセブン‐イレブン対策を講じてきた。

創業から十年目の八九年に一〇〇店舗を超えて、九二年に二〇〇店舗、九四年に三〇〇店舗、九五年に四〇〇店舗と出店ペースを上げ、拡大と深耕を加速させた。

三　古くからあった「ボランタリーチェーン」の限界

小売店の共同運営から始まった「マイショップ」

セブン‐イレブン、ローソン、ファミリーマートなど、大手総合スーパーチェーンが展開する以前に、日本ではコンビニチェーン自体は存在していた。大手が採用したフランチャイズチェーン・システムではなく、小売店が主宰したり、有力問屋が主宰したりするボランタリーチェーン方式によるコンビニの展開である。

これは食品小売店が共同して、商品の仕入れ、物流の合理化、情報システムの活用、共通屋号の使用などにより近代化を図っていく、ゆるやかな連携である。コンビニの場合、既存の小売店を組織化することで、一九七〇年代は店舗数を拡大できた。

最も早く業態開発を試みた店舗が、一九六九年三月に大阪府豊中市にオープンした「マミー」である。経営は、小規模食品小売店が共同運営するボランタリーチェーン「協同組合マイショップ・チェーン」だ。実質的なリーダーである稲垣有亮《いながきゆうすけ》専務理事が、アメリカのコンビニを視察して、日本の現状に適したかたちを模索した。

三年後の七二年、同チェーンは、フランチャイズ・システムを導入し、まず手始めに七二年八月、本部直営の実験モデル店として「マイショップ野間店」を兵庫県伊丹市に開設した。同年一一月には、アメリカ、カリフォルニア州に本社を置くコンビニチェーンのショート・ストップ社と提携するなど、本格的な展開を目指していた。

稲垣有亮が導き出したコンビニの品揃えは、現在とはずいぶんと異なる。日本のコンビニはアメリカと違って、平均的な安さをアピールする必要があると稲垣は考えた。加工食品や日用雑貨の価格を下げれば、粗利益率が減る。その粗利を十分に確保するために、売上の五〇％以上を生鮮食品にする必要があると結論づけた。うち青果二〇％、鮮魚・精肉一五％、塩干・ほかチルド一七％の構成比とした。

生鮮三品が売上の半分以上であれば、コンビニというよりミニ・スーパーに近く、今の小売業でいえば、イオン系のミニ・スーパー「まいばすけっと」の品揃えに似ているが、それでも生鮮三品の比率はマイショップほど高くない。当時は冷凍食品や惣菜系の加工食品が、今ほど充実していないので、食品を主とする業態を確立するには、生鮮三品に頼らざるをえなかったのだろう。

加工食品については、チェーン独自の調達が困難と考え、三菱商事系の野田喜商事（現、三菱食品）と取引契約を結んでいる。一般加工食品はすべて同社の営業所か、系列卸を経由することで合意した。

七二年四月にコンビニ本部を立ち上げて二年間に三〇店舗の開業にこぎつけた。展開地域は、地元兵庫県に一二店舗、東は京都、西は熊本まで二府八県に及んでいる。三菱商事系の物流を活用することで、広範囲への出店を可能とした。

一方で、チェーンストア経営の出店原則である「商圏づくり」がおろそかにされた。当時の取材記事を読むと「面取り作戦のための布石」と見ていたようだ。しかし、本部がマネジメントするには、店舗が広範囲に分散してしまった。

そこで取り入れた組織体制が、地方の有力企業に運営を委託する「地区本部制」である。これを契機にマイショップ・チェーンは店舗数を拡大していった。

ミニ・スーパーの連合体としての「Kマート」

もう一つ存在感があったチェーンが、「Kマート」である。セブン-イレブン豊洲店がオープンした当時、すでに四五〇店舗をチェーン展開していた。東大阪市に本社を置く、菓子問屋の橘高が主宰するボランタリーチェーンである。アメリカへ視察チームを派遣し、経営技法を研究した後、一九七〇年三月にモデル店「十三西店」を開業すると、好感触を得て同年九月から多店舗化をスタートさせた。

橘高は六〇年代に菓子を基軸にしたミニ・スーパーを、ボランタリーチェーンとして組織していた。しかし、コンビニを展開するにつれ、ミニ・スーパーよりもコンビニ経営に将来性を見出していく。その判断は次の四点からなる。

①店舗運営を非常に少人数で管理できる。
②スーパーマーケットでは満たされないフレンドリーシップを発揮できる。
③固定客中心の販売施策を打ち出せる。
④立地条件の変化に対して素早く転進できる。

七一年一〇月には「週二店」ペースの連続開店システムを完成させ、七二年には開発銀行の融資を取りつけて三六〇㎡のモデル店をオープンさせるなど、本部機能の強化を着実に進めていった。こうしてKマートチェーンは、七〇年代後半にセブン‐イレブンに店舗数を抜かれるまで、トップチェーンとして日本のコンビニ業界を牽引していく。

橘高が考えたコンビニの基本フォーマットは、三七坪、七二坪、一一〇坪の三つだ。七二坪型が合理的な規模であるとし、将来的には一一〇坪の面積も志向していた。七二坪も一一〇坪も現在の店舗面積から見ると相当に広いが、実際には当時の加盟店の平均は四〇～五〇坪であった。営業時間は九時から二一時が平均で、家族労働を基本に一～二人のパートアルバイトを雇用する形式だった。

標準フォーマットを定めて店舗開発を推進したセブン‐イレブンと比較すると、Kマートは、もともとの菓子店やミニ・スーパーからコンビニへの転換も募っている。短期間に店舗数を増加させられる半面、単一フォーマットによる標準化ができないため、チェーン本部として非効率を強いられてしまった。

そのため、八〇年代半ばになり、大手コンビニチェーンが、郊外ロードサイドや住宅立地に新たに店舗を建設して、脱サラ組のオーナーを立てて店舗数を拡大させていくと、既存の事業者を組織化してきたコンビニ業態のボランタリーチェーンは差を広げられ、商品開発や情報システム、店舗運営力で後れを取り、その役目を終えていく。

こうして前述のマイショップ・チェーンは八六年に解散、Kマートチェーンは親会社の橘高が九三年に倒産している。

酒屋を守るために連携した「ココストア」

食品卸が起源であるセイコーマートと同様に、中京でも酒問屋の山泉商会が、酒販店の近代化の一環としてコンビニ業態の開発に取り組んだ。一九七一年七月、「ココストア藤山台店」が開店する。この店舗を日本におけるコンビニの発祥とする説もある。

ココストア藤山台店は、セイコーマートの一号店と同じ年だが、一カ月早かった。売場は、酒類をメインに、当時は多くの小型小売店が扱っていた生鮮品を絞り込む替わりに、雑貨類を拡充し、インストアベーカリーを導入した。この店舗はアメリカのコンビニ「ショート・ストップ」をモデルにしている。ただし、二号店以降は、インストアベーカリーを外して軽装備にし、多店舗化の体制に入っている。

セイコーマートが、コンビニ立ち上げの当初から本部が主導して、取引のある酒販店にコンビニへの業態転換を促したのに対して、ココストアは状況が少し違っていた。母体となったのが酒販卸の山泉商会であり、六七年一一月にその取引先がボランタリーチェーンを発足、この中から有志が集い、アメリカの視察やプロジェクトチームの結成をして、七一年七月に直営のモデル店「ココストア藤山台店」を開設するという経緯だった。

その後、山泉商会が中心となって、チェーン本部を設立し、フランチャイズ店の開拓を進めていく。その対象は酒販卸として取引のあるボランタリーチェーンであった。

しかし、ボランタリーチェーンは、もともと自らの酒販店を活性化させる目的で集まった仲間たちによる、ゆるやかな組織であるため、従来通りの酒屋を希望する加盟店も多かった。店舗の立地や規模、転換にともなう資金など、条件もあり、簡単にコンビニへ転換できるわけではない。チェーン本部としても、コンビニへの業態転換こそ酒屋が生き残る道だと強く主導したわけではなく、酒販店の道を深耕する選択肢も是としていた。

日本のコンビニ一号店の一つに数えられるココストアであったが、八四年九月には、同じ名古屋に本社を構えるサークルKの一六七店舗に対して、ココストアは一五一店舗と逆転を許している。

ココストアは、親会社である山泉商会の取引先の加盟を中心に開拓を進めてきた。逆に見れば、中京地域で取引関係のない酒販店は、コンビニに転換したくても受け皿が少なかった。サークルKがその隙をつき、食品（酒類）卸大手の国分を親会社とする、国分グローサーズチェーンをはじめ、酒販卸系の中小コンビニチェーン本部を手中に収めるなど、酒販店の争奪戦が激しくなっていった。

ココストアは、セブン‐イレブンなど総合スーパー系とも異なり、問屋の一つの機関として生まれたコンビニである。あくまで酒販卸の「得意先」の活性化に狙いがあった。当時の担当者の話によると、他の問屋のエリアを荒らすことを避けてきたという。

総合スーパー系、特にダイエーやイトーヨーカ堂は、安価な商品の大量販売で成長したチェーンである。消費者を起点とした流通革命が旗印であり、自らのチェーン展開が国民生活を豊かにするという確固たる信念がある。だからこそ彼らの手法は、時には強引とも映り、各所で軋轢《あつれき》を生む。

一方のメーカーや卸売りは、自分たちのお客様は問屋や小売店であり、消費者を絶対的な起点に置かない。ココストアの成長が、ゆるやかに進展したのは、そうした事情があったと推測できる。総合スーパー系とは異なる軸で成長を果たしたココストアであったが、九〇年代に入ると、関東、そして東北へと進出していく。

ローソンが取り込んだ「サンチェーン」とは？

コンビニが群雄割拠の様相を呈し始める一九八〇年九月、中内㓛率いるローソンは、サンチェーンとの業務提携の契約書に判を押し、首都圏で一気に店舗数を拡大してセブン-イレブン追撃の体制を整えた。

同年一一月末時点で、ライバルのセブンが一〇〇〇店舗を突破しており、対するローソンは二一〇店舗と水をあけられていたが、サンチェーンの二六〇店舗が加わったことで、四七〇店舗と倍増させることに成功した。特に関西を出自とするローソンは、首都圏に五〇店舗程度であったが、サンチェーンは東京に一七五店舗、うち八割を二三区に出店していた。ローソンは首都圏の店舗を四倍以上に拡大できたことになる。

このサンチェーンは、キャバレーハワイチェーンを展開してきたT・V・B（トライアル・ベンチャー・ビジネス）の新規事業としてスタートしている。T・V・Bは七五年の最盛期にはハワイチェーンを一五〇〇店舗出店するなど、水商売といわれたキャバレー業に時間制の明朗会計を導入し、企業化、大衆化させた新興のチェーン企業である。

しかし、七三年の第一次オイルショックにより景気が後退していたうえ、同じ形態のチェーンが現れて競合環境も厳しくなり、しかも独立させた地方の分社に対する本社の出資比率が低かったため、次第に統率力を欠いていき、衰退していく。

T・V・Bは、新しく柱となる事業を模索する中で、七六年に首都圏で一八〇店舗前後を展開していたセブン‐イレブンに出会う。当時、T・V・Bの取締役で、後にサンチェーンの社長になる鈴木貞夫《すずきさだお》は述懐する。

私はすぐに「これだ」と思った。ハワイ商法を活かして、短期間に急成長できる事業分野として最適だ、と直感したのである。これなら、ハワイチェーンのようにに急速展開できるかもしれないと思った。コンビニエンスストアのチェーンシステム構築が、どんなに大変なものであるか、その時点では、殆ど分かっていなかった。私は唯、「やれば出来る。やらねばならぬ。」と思ったのである。ハワイに代わる事業の柱を一日も早く作りたいと熱望していた小松崎社長は、「鈴木さん、任せるからやってくれますか」と云ってくれた。

（「〈コンビニ創業戦記〉鈴木貞夫の元気商人塾」Food Voice）

鈴木は七六年八月、T・V・Bの社長の小松崎栄《こまつざきさかえ》の命を受けてCVS事業化プロジェクトを発足、一〇月に資本金二〇〇〇万円でT・V・Bサンチェーンを設立した。当初は店づくりのノウハウがないためセブン‐イレブンを徹底的にベンチマークした。

七六年一一月二六日に、駒込店、町屋店、富士見台店の三店舗を同時オープンした。キャバレーハワイの女子社員が、店の仕事を終えて深夜に買物ができる立地に配慮したという。

鈴木のモットーは「走りながら考える」。短期間に集中出店するとチェーン経営に関わる多くの問題が一挙に顕在化する。その一つ一つに対して、標準化、規格化、システム化を図っていく方針で進めた。当時はコンビニの潜在ニーズが大きかった。そうした荒っぽい方法でも多店舗化が可能であったのだろう。

営業時間は一〇時から深夜二六時までの一六時間営業でスタートしたが、翌七七年四月までに全店二四時間営業に変更した。全店二四時間営業するチェーンは、サンチェーンが最初であった。出店開始からわずか一年後の七七年一一月には、一〇〇店舗を達成する。

鈴木は気合と根性の人であり、熱血経営を志向する一方で、コンビニのシステム構築に向けて着々と手を打つ科学的な思考の持ち主でもあった。一橋大学を卒業後、百貨店に勤務、その後、起業してレストランを経営、七三年に店を譲渡してT・V・Bに入社、すぐに頭角を現し、一年後に取締役、二年後には常務取締役に就任、コンビニ事業を立ち上げることとなる。

鈴木はレストランを経営していた時代に、雑誌『月刊食堂』で渥美俊一のチェーンストア理論を知る。

飲食業の水商売的非近代性の克服とチェーン展開に基付く外食産業構築の壮大なロマンに満ちた渥美理論に、鮮烈な感銘を受けた。私は求めていた使命感を得たと確信した。（中略）かねて、渥美イズムの熱烈な信奉者であった私は、何時の日か、必ず渥美イズムの実践者として、自ら一軍を率いて流通革命の一翼を担いたいと、心中ひそかに心を燃やしていたが、漸くその時が到来したと思った。

（同前）

一号店を立ち上げて半年弱の四月には本部にコンピュータを導入し、以降も青果センターや物流センターを開設するなど、コンビニの成長にはサプライチェーン・システムの構築が肝になることを当初から認識していた。半ば、気合と根性で社内を鼓舞しつつ、チェーン経営を科学的に分析して、出店を加速させていった。

その原動力として、店舗運営に従事した社員を店舗オーナーにする「社員独立制度」、教育制度として社員寮の「サンチェーン流通学園」の開校、「北は北海道から南は九州まで」を合言葉にした全国展開の中核拠点づくりといった、独自の取り組みもあった。

こうして創業三年目の七九年末には三〇〇店舗、売上三〇〇億円を達成した。しかし一方で、広域かつ急速な出店を支えた回転差資金に、「信用の限界」が生じ始める。

回転差資金とは、店側が商品を仕入れ、その仕入れ先に商品原価を支払う期日より以前に、客に商品を販売することで生まれるキャッシュのことだ。この資金が余剰になると出店を加速させられるが、出店したものの不振店が生まれると、回転にブレーキがかかり、「信用の限界」が生じてくる。

キャバレーを主とするナイトレジャー市場の多様化と競争激化により、親会社のT・V・B自身も業績の停滞を見せ始めると、T・V・Bグループの中ではコンビニの売上が最大規模になっていたため、信用保証も重荷になっていった。

こうして八〇年、T・V・Bとダイエーは提携、八九年には対等合併、九四年に「サンチェーン」ブランドはローソンに転換され、幕を下ろすこととなる。

鈴木敏文が喝破した「コンビニのあるべき姿」

こうした激しい動きの中でも、常に王者として君臨したのが、セブン‐イレブンだ。セブン‐イレブンの出店攻勢は小売業のみならず、問屋、メーカーなど各業界に衝撃を与えたに違いない。一九七四年の第一号店から六年で一〇〇〇店舗、十年で二〇〇〇店舗を超えている。

一〇〇〇店舗のころは関東一円を中心にして、飛び石として札幌、福岡、福島、そして鈴木敏文の生家のある長野を出店エリアにしていた。全国出店ではなく、特定地域に集中的に店を出すことを基本にしていたため、中京、関西には、まだ広げていない。

一〇〇〇店舗を超えた八一年、鈴木はいくつか興味深い指摘をしている。コンビニ業態の「あるべき姿」を独創的に語っているのだ。コンビニの出店戦略と商圏人口について言及し、特にコンビニの商圏人口を、ここで確定している。

バラバラではまったく意味がありません。たとえば長野、福島でそれぞれ100店程度ありますが人口でみますと200万人で100店といったところです。このくらい出していかないと商品のデリバリーをはじめあらゆる意味でメリットが出てきません。

（『食品商業』一九八一年一〇月号）

この「二〇〇万人に一〇〇店舗、一店舗の商圏人口二万人」は、後に業界全体の基準となっていく。

さらに、その少ない商圏人口の中で売上を上げるには、消費者に繰り返し来店してもらう必要がある。生鮮食品（青果、精肉、鮮魚）を扱うコンビニが当時は多かった中、セブン‐イレブンは、その売上構成比率を一年間で六％から二～三％へと縮小させていく。その代わりにセブン‐イレブンの分類でいう「ファストフーズ」、すなわち、米飯、サンドイッチ、調理麺などのデイリーフーズを一二％から二〇％へと高めていく。

この数字に関して、鈴木は「ある意味では政策問題」とし、「ファストフーズは放っていて高まるものではありません」と言い切る。弁当類は一一〇アイテムを揃え、すぐに飽きられるので、どんどん変える必要があるという。「潜在的には求める層が多いにもかかわらず、実際にはそれに対応しきれていない場合が多いんじゃないかと思いますね」と需要創造の大切さを語っている。

八〇年代に入ると、日本のセブン‐イレブンが示した「型」が、一つのモデルとして定着していく。このとき鈴木は、日本のセブン‐イレブンは、スーパーマーケットの補完として利用される業態ではないと明確に語っている。大切なのは「時間に対する価値観のとらえ方」だ。鈴木の語った内容をまとめると次のようになる。

「コンビニにとって『時間』とは何かを考えると、それは『営業時間』の長短ではない。客層を絞るときには、買物の時間を大切にする人、調理する時間も惜しい人、経済観念が発達している人たちに焦点を絞っている。結果として、男性客や若い人の割合が高くなっているのであり、コンビニが男性客や若い客のための店づくりをしているのではない」

要はコンセプトを、どこに置くかでコンビニは決まってくるというのだ。

「そのため、コンビニをスーパーマーケットの補完としてとらえると、ミニ・スーパー化してしまう。ミニ・スーパーは近隣に大型スーパーが出店すれば、たちまちやられてしまう。しかし、コンビニは、近隣にスーパーマーケットが出店しても、あるいは坪面積の大きいコンビニが出店しても、オペレーションがしっかりとしていれば、負けることはない」

鈴木の話は概念的であるが、大型店が中小店を飲み込むのではなく、小型店には大型店との戦い方があり、その軸となるのがタイム・コンビニエンス（時間の節約）であるとする考え方だ。当時はミニ・スーパー化した店舗が、主にボランタリーチェーンの中に多かったが、鈴木はこれに対して警鐘を鳴らす。

いまはほとんどの場合、スーパーマーケットの補完としてコンビニエンス・ストアをみている嫌いが非常に多いのではないかと思います。したがってミニ・スーパー化してしまっているのが現実で、私はミニ・スーパー化ということで考えたら、ほとんどの店というのは余命がないのではないかという気がしますね。（同前）

非常に厳しい指摘である。

第三章　コンビニの屋台骨を支える「巨大流通システム」

一　需要を逃さない「商品管理システム」の進化

流通にかかる膨大な作業の削減

百貨店を思い浮かべてほしい。一店舗につき、数万㎡の売場面積、数十万アイテムの商品群、そこに数百人の販売員と事務所スタッフで、朝一〇時から二〇時ごろ、一日一〇時間の営業形態である。対してコンビニの店舗は、一〇〇㎡から一五〇㎡の売場面積に、三〇〇〇アイテムの商品、常時二～四人体制で二四時間の営業が基本だ。

百貨店は、店舗規模、品揃えの幅、従業員数でコンビニを圧倒し、基幹店舗ともなると、商品開発や物流管理、情報収集、販促活動、人材開発や経理業務まで、一店舗で完結できる機能を有している。

しかしながら、二〇一八年時点で、全コンビニの年間売上が一二兆円に近づく中、百貨店は六兆円と半分程度でしかない。さらにコンビニは、スーパーマーケットの一三兆円をとらえ、小売業の主役に躍り出ようとしている。

コンビニ一店舗を外から見た限りでは、百貨店と比較すれば、吹けば飛ぶような存在に映るだろう。では、なぜコンビニが百貨店の市場規模を抜いて、今やスーパーマーケットに迫る勢力にまで成長できたのか。

それは、店舗を地盤から支える、製造、物流、情報の巨大なシステムが存在するからに他ならない。各々の店舗は、規模も人員も最小、最少である一方、小さな商圏に全国六万店近くが存立している。大手コンビニを中心に、製造から販売にいたる協業体制と、情報システムの構築が鍵になると考えて、それを推進させてきたからである。

情報システムと製配販の協業体制に関しては、草創期から二〇〇〇年代までセブン-イレブンが先行している。本章においては、どうしてもセブン-イレブンの事例を中心とせざるをえないが、競合チェーンも同様の情報システムと協業体制に取り組んで、現在にいたっていることは記しておきたい。

一九七四年に創業したセブン-イレブン加盟店は当初、ベンダー（製造元）七〇社へ直接電話をして商品を発注していた。それを受けたベンダーは、受注票、出荷指示書、納品書、請求書を手作業で作成して出荷する。納入トラックが到着すると、加盟店は納品、検品、品出しをする。こうした陳列作業をトラックの台数分、実施していた。

その膨大な作業を軽減するために、七八年二月、セブン‐イレブンはスリップオーダー方式を採用した。この方式は、注文書冊子に掲載された商品に、発注する数量を記載して、ミシン目から切り離し、短冊型の発注シートを作成するものだ。それをOFC（オペレーション・フィールド・カウンセラー、他コンビニではSV［スーパー・バイザー］とも）と呼ばれる本部の店舗経営相談員が回収し、地区事務所で事務員がベンダー別に伝票を作成、その伝票をベンダーが回収する、という流れになる。しかし、この方式は、回収の手間やタイムロス、入力ミスなどが多く、同年七月にいったん停止している。

そこで七八年八月、セブン‐イレブンは、「ターミナル7」の導入を開始した。商品発注台帳に刷り込んだ「商品バーコード」と「数量バーコード」を、店舗の発注担当者がペンリーダーでスキャンして、公衆回線を通じて本部へ送信するシステムである。これが、セブン‐イレブンによる情報システムのスタート地点であり、「第一次店舗システム」と呼ばれるものだ。

後に加盟店からの送信は地区事務所宛になり、その発注データを地区事務所が専用回線を通じて本部に送信する仕組みに変わったが、このような発注のオンライン化により、手作業が軽減され、入力ミスも減少、発注から納品までの大幅な時間短縮が可能となった。

さらに、チェーン本部は、取引先との受注に関するデータを、通信衛星を介して米国に送信するようにした。大型コンピュータでデータを処理して業務の合理化を図るためだ。この情報システムにより、加盟店の前日発注、当日納品を可能とした。

発注から納品までのリードタイムを短縮して、需要予測をしやすくした。店舗にとっては、発注数量を直近の在庫状況から判断できるので、欠品の防止と同時に在庫の削減に役立てることができた。八〇年七月に開発された「新型ターミナル7」は、本部から店舗へのメッセージ送信を可能とし、これで双方向の通信ができるようになった。

「梅」と「シーチキンマヨネーズ」は、同じ「おにぎり」でもまるで違う商品

一九八二年一〇月からは「第二次総合店舗情報システム」をスタートさせ、POSシステムの導入を開始し、八三年二月に全店に配置した。このPOSシステムは、事務所に設置したターミナルコントローラー、カウンターのPOSレジスター、ハンディ型の発注端末機から構成される。

POSシステムの導入にあたり、前提として商品パッケージにバーコードが印刷されている必要があった。八一年には、セブン‐イレブンは導入を検討していたものの、バー

コードの準備がベンダーに整わず、最終的に鈴木敏文がいったん見送る判断をした経緯がある。八一年当時は、まだ公衆回線を使用した異業種間のコンピュータ通信が自由化されていなかった。異業種間のデータ送信ができないと、製配販のネットワーク構築も難しい。時期尚早と判断した理由の一つである。

しかし、八四年公布の電気通信事業法により、公衆回線を使用したコンピュータ回線が自由化される見通しが立った。この変化にセブン‐イレブンは、急きょPOSシステムの導入を決定した。バーコードの問題について、コスト面からベンダーは躊躇《ちゆうちよ》したが、導入から一年後には七割の商品にバーコードが印刷されるにいたった。

八二年一一月に全店に導入したハンディ型の発注端末機は、手に持って、各棚の商品在庫を見ながら発注作業ができるコンパクトな設計に特徴があった。ディスプレーには単品ごとの販売実績が表示されているので、単に売場の在庫数から判断するだけでなく、発注数量やフェイス管理にも役立てることができた。

このPOSシステムの導入により、単品の販売個数のみならず、売れた時間帯や在庫欠品、廃棄数量、客層の属性（従業員が、客の年齢と性差を判断して登録する）などが、個店ごとに把握できるようになった。

こうした単品管理を説明する際に、鈴木敏文がよく例に挙げるのが、「おにぎり」の品揃えである。客は「おにぎり」という商品が欲しくて来店するのではない。おにぎりの中でも「シーチキンマヨネーズ」が買いたくて店に来ている。そのシーチキンマヨネーズが欠品していたら、客は「鮭」を代替に選ぶだろうか。否、そうではなく、客は別の店に買いに行く可能性が高い。関係者であれば何度も聞かされた話だろう。

加盟店の立場に立てば、おにぎりが販売期限までに売れ残ってしまえば、廃棄ロスとなり、そのほとんどを加盟店負担で処理しなくてはいけない。しかも、単品ごとに細かくデータを追うためには発注時間を要する。廃棄ロスを最少に抑え、かつ手間ひまをかけないためには、「おにぎり」の販売総量をベースにして、前日あるいは一週間前と同じように発注すればよいと、加盟店は考えてしまう。

鈴木は、そうした安易な傾向を読み取ったうえで、どの種類のおにぎりを、どの時間帯に、どんな人が、何個購入したのかを検証することの必要性を加盟店に訴え、OFCに指導した。

こうして単品動向が個店ごとに容易に把握できるようになったことで、鈴木敏文が提唱する「単品管理」の重要性がセブン‐イレブンだけではなく、他のコンビニにも認識され、後にコンビニ業界を語るうえでの「キーワード」になっていく。セブン‐イレブンの出身で、経営コンサルタントの信田洋二《しのだようじ》は筆者に、おにぎりの単品管理にまつわる奥深さを示す事例を次のように説明してくれた。

小学校の運動会がコンビニ店舗の近隣で開催される場合、昼食用のおにぎりとして「梅」を増量する。一方、同じく近隣にある高校の体育祭では、「シーチキンマヨネーズ」を増量する。ある商圏の一つの事例にすぎないが、なぜそうなるのか。

「梅干し」にはクエン酸が多く含まれ、疲労回復に効果があるとされている。子どものいる母親の大半は、こうした知識を持っているので、小学校の運動会で昼食用に買い求めるおにぎりも「梅」を選択するのだ。

一方の高校の体育祭では、購入の主体が高校生本人であり、おそらくは疲労回復の知識も持たず、ただ自分が好きなおにぎりを選択するので、こってりとしたシーチキンマヨネーズを購入する傾向にある。

ＰＯＳシステム導入以前は、小学生の運動会と高校生の体育祭とで、おにぎりが普段より売れていても、販売データ上は「おにぎり」の総量でしか把握できなかった。しかし、ＰＯＳ導入以降は、同じように「おにぎり」が売れた場合に、三〇～四〇代の女性が

「梅」を買い、一〇代の男性が「シーチキンマヨネーズ」を買ったというように、客層の傾向が可視化され、その理由を探るべく仮説が立てられるようになった。

すると、小学生の母親が運動会で「梅」のおにぎりを購入すると「仮説」を立て、意思を持って通常よりも増量して「発注」し、売場には「疲労回復には梅干し」とPOPを付けるなどして「販売」する。さらに販売実績を「検証」して次の「発注」に活かす、といった考え方のサイクルで売場を回すようになる。

この仮説、発注、販売、検証のサイクルは、セブン‐イレブンが単品管理以降、長く基軸にした売場管理手法であった。近年は一般に「PDCAサイクル」という言葉を使われているが、単品管理の思想として変わりはない。

八五年にスタートさせた「第三次総合店舗情報システム」は、新型のターミナルコントローラーを全店に導入して、さまざまな数字データを視覚的にイメージさせ、加盟店の活用を促した。

このグラフ化されたディスプレーを用いると、カテゴリー別、時間帯別、客層別の販売分析、米飯など販売期間が短い商品の売り切れ時刻一覧、カテゴリー別の売れ筋商品、死に筋商品などが、きれいにグラフ化されて、従来の数字の配列よりも、営業状況の把握が格段に容易になった。

「気象情報」さえも貴重な情報源に

一方で、このグラフ化された精緻《せいち》な分析データは、見やすく、わかりやすくなった半面、情報量が多くなりすぎて、日々の業務の中で、どう活用したらよいのか、判断に迷う傾向も表れ始めた。

そこで一九九〇年から始まった「第四次総合店舗情報システム」において、本部は二つの目的を明確にした。一つは発注精度の向上と単品管理を徹底する仕組みづくり、もう一つは店舗とベンダー、本部間で送信される大量のデータをリアルタイムで伝達することである。

一つ目の発注精度の向上と単品管理については、発注作業と情報活用が同時にできる九インチのノート型パソコン「グラフィック・オーダー・ターミナル」を店舗に導入した。販売実績だけではなく、天気情報や新商品情報、他に季節商品や催事商品など、本部が重点的に推奨する商品の発注をサポートする情報を的確に表示するようにした。

これにより発注精度が向上しただけではなく、店舗オーナーではないパートやアルバイトの従業員にも発注業務を任せられるようになり、店舗オペレーションの生産性まで向上させた。また、検品用のハンディ端末「スキャナー・ターミナル」を導入したことで、店舗の従業員は、納品された商品バーコードをスキャンするだけで、発注数量との照合ができるようになった。配送トラックの運転手が検品に立ち会う必要がなくなり、店着後の事後検品を可能とし、店舗と配送の双方の業務が効率化された。

大量のデータの伝達については、九一年からISDN（統合デジタル・ネットワーク）の利用によって、劇的な変化を遂げた。それ以前は公衆回線を使用していたため、データの転送速度が遅く、POS情報を本部側が店舗からフロッピーディスクで回収して、ホストコンピュータに入力する手続きが生じていた。

そのためPOS情報による分析は、店舗においてはリアルタイムで実施されていたが、本部は七日から一〇日遅れの情報しか得ることができず、タイムラグが著しく生じていた。そこでISDNを利用することによって、店舗と本部との間でリアルタイムの情報共有が図られた。こうした情報システムは、気象情報による機会ロス、廃棄ロスの削減にとっても、不可欠な要素となった。

例えば、じめじめした梅雨の時季に急な寒さ（梅雨冷）が訪れる日がある。体感温度が急激に降下するため、そばやうどんは、冷たくて、さっぱりとした商品よりも、温かいものが好まれるであろう。春夏秋冬の大きな枠組みがあっても、毎日の変化に敏感に対応して、機動的に売場と商品を変えていくことがコンビニの生命線といえる。

九六年には、気象情報システムを取り入れて、発注業務に必要な天気や気温、降水確率を活用できるようにした。気象情報は三日先まで六時間ごとに区切った情報を引き出すことができ、一日に五回、最新情報に更新した。情報は加盟店が活用できるように比較対象データも充実させた。単なる天気や気温の予報であれば発注情報に活かしづらい。気温であれば前日との差、例年との差、体感温度による不快指数を数字で示し、視覚的にも理解できるようにした。

コンビニの「おでん」は、残暑の厳しい九月からほとんどの店で扱っている。九月でも気温が急激に低下する日は、「おでん」の需要が一気に跳ね上がる。逆に「そうめん」は、たとえ残暑が厳しく猛暑日になっても、客は九月ともなれば「そうめん」に飽き飽きしているので、七月ほど数量は伸びない。このように過去の実績と気象情報、加盟店の経験値が加わり、発注精度の向上が徐々に図られていく。

九六年一一月には、過去最高の総額六〇〇億円を投じる「第五次総合店舗情報システム」をスタートさせて、総合情報システムの「全面再構築」を推進させた。

この情報システムは、同社の発表資料によると、「店舗システム」の再構築を中心に、「発注・物流・取引先システム」「ネットワークシステム」「グループウェアシステム」「マルチメディア情報発信システム」「POS情報システム」「店舗POSレジシステム」という七つの基本システムにより構成されている。

システムの導入により、店舗、本部、ベンダー、メーカーの連携を強化して、情報の共有化と活用の促進を期待した。当時の広報資料には「世界でも最先端のシステム構築」と謳うなど、自信をうかがわせる取り組みとなった。

セブン‐イレブンの情報システムは、七〇年代後半から始まって、他チェーンに先行して日々進化を遂げてきた。「小売業は情報システム産業」だととらえて、店舗情報システムの拡充、ISDNによるネットワーク推進に尽力してきたのだ。加盟店は、情報システムを活用して、仮説、発注、販売、検証のサイクルを回し、売上と利益の向上を図った。同時に業務を効率化させて、適正人時による店舗オペレーションに専念した。

こうした情報システムは、他方では、製造から配送、販売まで、いわば川上から川下の協業体制の構築を支える基盤となった。

二　多種多様な商品販売を実現する「供給体制」の整備

コンビニは「客の需要」を基点とする

欲しいときに、欲しい商品を、欲しい量だけ、適切な条件で供給する体制をどのように構築するか。それがコンビニにとって、大きな課題であった。

セブン‐イレブンが展開を始めた初期の加盟店は、商店街や駅前、住宅地に隣接する、酒販店や米穀店であった。商圏人口は二〇〇〇人、半径五〇〇m以内からの来店を想定した。酒販店や米穀店が配達を必須とした一方で、コンビニは店頭販売のみを基本としている。

その少ない商圏人口と商圏範囲の中で商売を成立させるには、言い換えれば、売上と利益を上げるには、来店頻度を高める必要がある。一人の客に、週に二度、三度と利用してもらえる商品構成が求められるのだ。

購買頻度の高い商品、あるいは近くに店があれば購入する商品、購入後一五分以内に食べる「即食性」の高い商品など、あるべき品揃えを模索した。旧来の商慣習の中から生まれた店ではなく、科学的、合理的な根拠にもとづく商品構成により、コンビニ業態を確立させようとした。消費者を基点とした品揃え、別の言葉でいうとマーチャンダイジングへの取り組みが、コンビニ業態の成否を握っていたのだ。

なぜかといえば、当時日本の中小店の多くは、消費者を基点とした店づくりではなく、生産体系の中から生まれた業種店であったからだ。酒屋、米屋、八百屋、魚屋、肉屋、パン屋、駄菓子屋、婦人服店、紳士服店、電器屋、文具店、雑貨屋など、購買頻度や利便性に関係なく、生産体系に即した店づくりを生業にしていた。

そのため、現代のコンビニで手に入るビール、食パン、チョコ、パンスト、電池、ボールペン、歯磨き粉を購入するには、商店街を端から端まで歩く必要があった。その不便さをコンビニが解消するには、生産体系別に流通していた商品を、消費者を基点にして再編しなければならなかった。

購買頻度の高い商品を、業種の垣根を越えて、マーチャンダイジングすること。コンビニ業態にとって、電池の品揃えは必須だが、テレビは無用の長物なのだ。

さらに同じ業種であっても、特約店制度の壁があった。メーカーは、ある特定地域内の取引を指定卸に一本化させて、他社の商品を扱わないように働きかけていた。指定卸は、小売店が消費者の声を聞いて売りたい商品を扱うのではなく、メーカーが売りたい商品を小売店に流通させる機能として存在していた。

その弊害は、セブン‐イレブンが一号店を開設した当初、すぐに露見した。店舗に納品する配送トラックが一日七〇台近くに達していた。当時の納品状況について、一号店である豊洲店オーナーの山本憲司は、次のように証言している。

そのたびに立ち会い、検品をして、それからパートさんに店に並べてもらうのだが、その間にもお客様は絶え間なく来店する。納品する人は早く品物を置いて次の店に行きたいから、店と納品業者の双方にイライラが募るのだ。道路に延々と納品車が数珠つなぎになって、交番からお叱りを受けることもしばしばだった。

(『セブン‐イレブン1号店 繁盛する商い』山本憲司)

また、配送ロットも三〇坪の店には大きすぎた。同書によると、カップ麺が一アイテム一〇ケース単位、袋ラーメンが三ケース単位、雑貨や粉石鹸は一ケース単位であり、その結果、店頭の商品よりも、バックルームの在庫数が多くなり、隣接する納屋から自宅の居間まで商品群に占領されたと記されている。

販売数量と納品ロットの齟齬《そご》により、適正な品揃えにも支障をきたした。同じ機能を持つA社とB社の商品があり、A社の在庫が少なくなっても、B社の商品が大量にバックルームに残っていれば、どうしてもA社商品の発注を控えてしまう。客が求める商品を販売できない状況も生まれていた。

「集約化」と「共同化」が豊富な品揃えを可能にする

コンビニ業態は、三〇坪（当時の標準）の狭い店内に、購買頻度の高い三〇〇〇アイテムを揃え、高回転させて成立している。その業態特性を実現させるには、客が購買する時間と、商品と、数量に合わせて納品する体制の構築が急務であった。多頻度、多品種、小ロット配送の実現が求められたのだ。

その実現に向けて、セブン‐イレブンは配送に関して、「集約化」と「共同化」に取り組み、物流の効率化を推進した。

一つ目の「集約化」は、一九七六年九月より始められた。指定問屋が特定メーカー品を各店舗に納品する体制を改めて、ある地域はA問屋が各問屋の商品を集約化して配送する、また別のある地域では、B問屋が先のA問屋を含む各問屋の商品を集約するといった具合に、地区ごとに物流経路を集約化して、店舗への配送本数の削減と納品ロットの縮小に取り組んでいった。

二つ目の「共同化」は、七五年三月より始められた。築地の水産会社の工場を共同配送センターにし、他に四社（おでん、漬け物、サラダ、塩干を各々担当）が加わった。共同配送所では、前日に各店から上がってきた注文票をもとに商品を仕分けし、各々が担当するエリアを、各社の商品を混載したトラックで回る仕組みである。

共同配送のいっそうの強化を図るため、大手ナショナルブランドメーカーにも説得を試みた。八〇年には、牛乳メーカーの全農、明治、森永、雪印の四社に向けて、共同配送を繰り返し働きかけた。説得に応じた四社は、別々に配送していた商品を、混載して店舗に届けるようにした。当時は抵抗勢力も強く、「わが社の牛乳を他社の商品と混載したら腐ってしまう」といった流言飛語が飛び交った。

共同配送は、八一年にハム・ソーセージ類、八二年に冷凍食品、八四年に雑貨、八五年に化粧品と、拡大していった。さらに共同配送センターは、配送の水準を高め、品種別から温度帯別へと枠組みを変えていく。温度帯の異なる共同配送センターに専用車両がついて、配送の効率化が図られた。各温度帯のセンターと主な商品は、次の四つに分けられる。

◎フローズン共同配送センター（マイナス二〇度管理）
↓アイスクリーム、冷凍食品など
◎チルド共同配送センター（五度管理）
↓調理パン、調理麺、サラダ、惣菜、乳飲料など
◎米飯共同配送センター（定温＝二〇度管理）
↓米飯（おにぎり、弁当）、焼き立てパンなど
◎加工食品共同配送センター、および雑貨共同配送センター（常温）
↓ソフトドリンク、カップ麺、菓子、雑貨類など

「廃棄ロス」も「機会ロス」も避ける一日三便

セブン‐イレブンは一九八七年三月、共同配送から温度帯別の物流へと統合を進める中で、米飯共同配送による一日三便配送体制をスタートさせた。

おにぎりや弁当は、コンビニの主力商品である。売上が高く利益率も高い。その一方で、納品されてから販売期限は一日しかなく、売り切らなくては廃棄ロスとなって、その金額は加盟店にとって痛いコストとなる。

廃棄ロスに関して、本部からの指導（店舗経営相談）は、「確かに廃棄ロスを避けたい気持ちはわかるが、欠品こそが店の評価を下げる最大要因である」としていた。OFCの中には、廃棄ロスは販促費と言い切る者もいた。

仮に廃棄ロスをゼロにしようと考えれば、仕入れた数量から廃棄個数を引き算して、残った数量を次回の発注数にしようと、単純に考えてしまう加盟店オーナーがいてもおかしくはない。確かに短期間においては、それで廃棄数量が減り、店の利益は増えるかもしれない。

しかし同時に、欠品の多い店、いつも売場がスカスカな店との印象を持たれて、店の評価を次第に下げていく要因になりかねない。日々の営業からは見えづらい加盟店の「縮小均衡」を、本部は最も危惧していた。

在庫の「完売」は耳当たりは良いが、別の見方をすれば、完売直後は欠品した状態にあり、本来であれば売場にあるべき商品がなく、購入されるチャンスをみすみす逃している可能性が高いのだ。本部は廃棄ロスよりも、この機会ロスの発生を問題視した。

その帰結が一日二便体制から三便体制への変更である。コンビニの販売ピークは、立地により異なるが、朝、昼、晩、の三回ある。一日三便に変更して、朝は六時まで、昼は一二時まで、晩は一八時までに配送できれば、各々のピーク時に納品ができる。その結果、機会ロスを削減できると考えたのだ。どの時間に来店しても、商品が豊富に揃えられている売場をあるべき姿とした。

その後、九三年にはチルド温度帯も、従来の二便から三便体制に切り替えた。二便から三便の変更により、各々のピーク時に売上を最大化させる、より精緻な発注が加盟店に求められた。

ところが、販売数量を伸長させても、廃棄数量を増加させたのでは、加盟店にとっては意味を見出しづらくなる。利益が無駄に減るからだ。その需要予測をより実需に近づけるために、前述した情報システムがあった。同時に、情報システムの高度化により、加盟店の発注を瞬時に共有して生産に移行できる体制を整えてきた。

余談になるが、セブン‐イレブンは八九年五月より、東京二三区で一日三便の上をいく四便体制に着手している。この直後に同社常務取締役の岩國《いわくに》修一《しゅういち》は、次のようなコメントを残している。

製造から販売までを見た場合、結局、つくって置いてある時間がある。それならば、コストさえ合えば、こまめに配送した方がいいということになる。朝食、昼食、夕食、夜食という1日4食という需要を考えれば、より鮮度の高いものを提供できる体制を組み上げようということだ。最終的には製造から販売まで2時間のリードタイムという目標である。

（『食品商業』一九八九年八月号）

情報システムと共同配送の高度化の究極の姿は、一日四便体制の実現である。しかし、加盟店のオペレーションが対応できなかったのか、この四便体制は軌道に乗ることなく、廃止にいたっている。情報や物流がシステムとして機能しても、現場の実情にそぐわなかったということだろうか。

客の動きを計算した「店舗レイアウト」

整備されていったシステムのもと、具体的に商品はどのように陳列されているのか。コンビニ店舗内のレイアウトは、一九七〇〜八〇年代に形作られている。店舗レイアウトの目的は客に店内を回遊してもらうことだ。

店内を歩く距離が長ければ、商品に目をとめる可能性が高まり、買上点数の向上につながる。いくらお値打ち商品を陳列しても、客の目にとまらなければ意味がない。ただし、一方向にしか進めない、客にとって不便な客導線を店側が無理に設定すれば、支持は得られない。あくまで客が自然と回遊できるレイアウトを組む必要がある。

スーパーマーケットチェーンでは、売場づくりの際に「磁石（マグネット）」という言葉が用いられる。大まかな定義でいうと、入り口から入って壁面沿いが「第一磁石」、その壁面沿いの突き当たりのポイントに「第二磁石」を設定する。

例えば、右回りの店舗だと、青果売場（第一磁石）から始まって、突き当たりに鮮魚売場の「お造り」コーナー（第二磁石）、右に折れて、鮮魚売場、精肉売場と第一磁石が続き、突き当たりに惣菜売場の「ローストビーフ」コーナー（第二磁石）、右に折れて、揚げ物や焼きとり、寿司、和惣菜などの惣菜売場（第一磁石）がある。

すなわち、野菜、果物、魚、肉、惣菜といった、主力部門を壁面沿いに配置して、手に取ってもらう作戦が出来上がっている。

コンビニでいえば、入り口とレジが右にある店舗なら、入って左に折れると店舗前面のガラス沿いに雑誌・コミックが並び、突き当たって右に折れて、ビール、酎ハイ、飲料と続き、突き当たって右に折れて、デザート、惣菜、調理麺、サンドイッチ、米飯、といった順番になる。

このレイアウトで、仮に三〇代の男性の購買の流れを思い浮かべると、入り口から入り、左手に向かって漫画雑誌を手に取る。右に曲がり、ウォークイン冷蔵庫から、昼であれば缶コーヒー、夜であれば缶ビールを選ぶ。また右に曲がって進みながら、左手にあるケースから唐揚げ弁当を取り、レジカウンターへ向かう。たばこもついでに買ってお会計。

これが七〇年代以降のコンビニ・ユーザーの動きであった。カップ麺やポテトチップス、文具などが必要であれば、中の通路に入って購入することになる。菓子やカップ麺の位置は、店によって異なるので、初めての客は探すことになるが、三〇坪程度の売場なので、すぐに見つけられるであろう。

壁面ではないが、雑誌・コミックの前のゴンドラには、女性化粧品、季節商品として日焼け止めクリーム、花粉症対策のマスク、防寒用品などの雑貨類を扱っているケースが多い。女性誌と女性化粧品は相性が良いし、雑誌・コミックと雑貨を「非食品」として、一カ所にまとめるといった考え方もできる。

また、調理麺やサンドイッチの前のゴンドラには、ベーカリーの常温売場を配置しているケースも多いだろう。菓子パンも含めて主食用の商品を一カ所にまとめて客の利便性を図っている。

近年の課題は、インターネットの普及、特にスマートフォンの利用により、雑誌・コミックの市場が縮小していることだ。客に売場の前を通ってもらわなくては、回遊性の低下にもつながってくる。もちろん、雑誌・コミックの売場が縮小されても、アルコールや飲料を買い求めるため、奥側に進む客は依然多いものの、やはり頭の痛い課題である。

三　「ドミナント戦略」がもたらすメリット・デメリット

「一定エリアを独占する」という小売の基本

コンビニ拡大の要因として忘れてはならないのが、ドミナント戦略だ。情報システムと物流体制の高度化にとって、必要不可欠なこの出店戦略について触れておきたい。

小売業におけるドミナントは、「商勢圏」とも呼ばれ、ある一定エリアに集中的に出店し、経営効率とブランド認知を高め、その結果、占有率を高めて独占状態を築く施策である。ドミナント戦略は、セブン‐イレブンをはじめとするコンビニの専売特許ではなく、チェーンストア理論における出店戦略としては王道である。米国のセブン‐イレブンもドミナント戦略による店舗網を築いていた。

第一章や第二章で見てきたように、コンビニの母体となった総合スーパーで、イトーヨーカ堂は関東圏、ダイエーは関西圏、ユニーは中京圏に自らのドミナントを有していた。ただし、これら総合スーパーは衣食住の各部門を持ち、一店舗当たりの年間売上高が五〇億〜一〇〇億円と大きく、地域一店舗で完結する支店経営的な運営が可能であった。

しかし、コンビニは一店舗の年間売上高が一・五億〜二億円強と規模が小さく、経営効率もブランド認知も、地域に一店舗ではまったく効果がない。コンビニは、どのチェーンストアと比較しても、一定エリアにまとまった店舗数を必要としていた。ドミナント戦略を徹底することが、チェーン全体の発展に不可欠であったのだ。

セブン‐イレブン一号店の豊洲店は、イトーヨーカ堂の取引先を活用できる優位性があったとはいえ、わずか一店舗の段階では、多頻度少量の納品体制が組めず、不要な商品在庫が倉庫に積み上がっていく状況にあった。しかし、一定エリアに集中的に店舗がまとまれば、少量発注が可能となり、短時間で配送できるため物流効率も高められる。豊洲店の山本憲司オーナーは当時の本部とのやり取りを述懐する。

「なぜあの商品を切らしているのか」（岩國さん）
「倉庫を見てください。たしかにあの品物はありませんが、同じ種類のものがこんなにあるんです」（私）
この一件が、本部が小分けして発注する方向に転換していくきっかけになった。

(『セブン‐イレブン1号店 繁盛する商い』山本憲司)

鈴木敏文も店舗開発の担当者に対して、豊洲店の立地する江東区から一歩も外に出てはいけないと厳命していたという。人口二〇〇万人に対して一〇〇店舗という規模。これくらいのボリュームがないと、ドミナント効果が発揮できないと考えていた。

一〇〇〇店舗を超えた一九八〇年の出店エリアは、一都三県が計七〇三店舗、北海道六四店舗、福岡四八店舗、福島九三店舗、長野六七店舗、茨城、栃木、静岡の三県で計六五店舗という内訳だった。すなわち、関東と、それに隣接する福島、長野、静岡に集中してドミナント化を図り、海を越えて北海道と九州に新ドミナントの布石を打っている。ドミナントづくりでは、飛び地への出店も戦略上は重視される。チェーンストア理論を日本に導入した渥美俊一は次のように記している。

多店化が始まった後、八店目から十二店目あたりで、第二商勢圏への進出が必要となる。第二商勢圏とは、隣接商勢圏をさすのではない。数十キロ、数百キロ離れたところに、またまとめて集中出店する新しい商勢圏地域を選定するのであ

る。（中略）

したがって、第一商勢圏をどこに求めるかが第一に重要な経営戦略である。人口密度が多いところが望ましいことは確かだ。現にビッグストアも、あるいは業種・業態類型ごとに上位にある企業もすべて、大都市圏からスタートしたことに気がつくであろう。

（『商業経営の精神と技術』渥美俊一）

ここでいう店舗数については、コンビニではなくて、商圏人口一〇万人の総合スーパーを（おそらく）想定しているため、第二商勢圏は「八店目から十二店目あたりで」と記しているが、これを商圏人口二〇〇〇〜三〇〇〇人規模のコンビニに置き換えると、一つのエリアで四〇〇店規模に近づいたら、次を考えるべきとの主張になる。

その意味では、セブン‐イレブンが、第一優先に人口の多い首都圏に集中出店し、一都三県で三〇〇店舗を超えてから飛び地の北海道に進出し、さらにその翌年に、飛び地の福岡に出店したのは、渥美が描く米国チェーンストアのドミナント戦略と一致している。後年、鈴木は「脱チェーンストア理論」を口にするが、ドミナント戦略についてはチェーンストア理論を忠実に再現し続けたように映る。

運営コストの大幅削減が可能に

こうしたドミナント出店の優位性は、前述した通り、店舗数が一定規模になることで配送効率が高まり、多頻度少量発注が可能になることだ。店の在庫量は削減でき、結果として「売れ筋」を中心にした鮮度の高い売場を実現できる。在庫が削減できれば作業の軽減にもつながり、運営コストを削減できる。

創業当時のコンビニは、今のようなPB（プライベート・ブランド：小売業者や流通業者によって企画販売される商品ブランド）商品がなく、売れ筋商品は周囲のスーパーマーケットと差別化されていなかった。スーパーマーケットは時折、安売りを仕掛けてくる。一方のコンビニは、商品力よりも時間的な利便性に重点を置いていた。その業態特性を発揮するには、ドミナント出店が不可欠だと鈴木敏文は説明する。

完全に商品管理ができなければCVSでは粗利が取れないわけです。そこがCVSのむずかしさでもあります。（中略）そういう意味では、店舗展開上の特徴ともなりますが、デリバリー・コストあるいはマネジメント・コストを下げていかねばならない。そこで地域集中型出店ということになります。

（『食品商業』一九七九年七月号）

チェーン本部のOFC、SVといった経営相談員も、店舗間の距離が短ければ、物流と同様に、週一〜二回、効率的に店を回ることができる。

マーケティングについても、特定エリアの嗜好性をつかみ、展開できる優位点がある。例えば、そのエリアで消費量の多い食材を活用する。北海道であれば、他県と比較して鮭弁当の「鮭」のサイズを大きめにするなど、きめ細かなエリア対応を実施できる。

消費者側から見ると、居住するエリアに同じ看板の店舗が多数出店していれば、信頼度も高まる。車で市内を移動する際に、同じ看板の店が目につくようになっていたところで、ある日、自宅近くの徒歩圏にその看板の店ができれば、躊躇《ちゆうちよ》なく入店するだろう。

その看板の店のレイアウトや商品構成、サービス内容の標準化ができていれば、市内のどの店舗に入っても、どんな商品がどこに置いてあり、どんなサービス提供があるのかがわかり、同じ買物体験ができる。見やすく、買いやすく、安心して入店できる店舗として、客に認知されるのだ。

一方、メリットばかりではない。コンビニの各チェーンが一九八〇年代に入り、怒涛の出店攻勢を仕掛けた結果、いわゆる「不振店」も増加した。チェーン本部は、立地移転など、加盟店オーナーに対して救済策を提示することもあったが、九〇年代に入ると「残酷物語」もメディアを通して囁かれるようになる。

すなわち同じチェーンでも、ドミナント戦略により同じ看板の店舗が近隣に出店した結果、急激な売上減に陥る店舗が頻繁に見られるようになった。他チェーンの競合と戦うのであれば、チェーン本部の協力のもと対策を講ずることはできるだろう。しかし、同じチェーンが近隣に出店した場合、加盟店オーナーは本部の協力を得られない。そうなるとオーナーは、たとえ契約条項で近隣出店に対して問題なしとしても、どこかで釈然とせず、チェーン本部への不信感を醸成していくことになる。

その意味では、すべての店舗を直営で運営していれば、ドミナント戦略として、近隣に躊躇なく「もう一店舗」をオープンしても何の問題も生じない。

あるアメリカに本部を置くカフェチェーンが、かつて東京から地方都市へ進出した際、出店先の期待度が高く、各店舗で記録的な売上を計上したことがあった。東北のある都市では世界記録を樹立したほどだ。こうしてカフェチェーンの店舗は、絶え間ない行列と終日の満席により、客への負荷と従業員への負荷を同時にかけていった。

当然、チェーン本部は近隣に二号店、三号店と商圏分割を図っていく。しかしながら、結果として、店舗数の増加にともない、既存店売上高の伸長率が鈍化していった。その平準化を図る過程において、「既存店の数字に拘泥する新聞記者がいて困る」と幹部の一人が筆者に漏らしていたことがある。

飲食や物販に限らず、想定した売上をはるかに上回る店があれば、設定商圏より遠い地域から客が店を訪れていることが予想できる。本来は近隣で来店できればいいのに、近くにないためにわざわざ遠くから足を運んでもらっている。その人たちの利便性を高めるため、二号店、三号店を出店すべきなのだ。

その一方で、コンビニ一店一店の多くは、独立した加盟店オーナーが運営している。チェーン本部が、ランチタイムの行列など「お客様へのご迷惑」を理由に近隣への出店を計画しても、自らの売上と利益が確実に減るのだから、商圏分割に釈然としないのも当然であろう。

この商圏分割は、単に商圏人口に応じて数百メートルごとに均等に出店していく分割ならば、まだ納得はしやすいのだが、事はそう単純ではない。そこが誤解を生む要因となる。例えば、片側二車線の横断歩道がなく、交通量の多いロードサイド周辺には、同じ看板の店が両側に立地することがある。商圏が道路を挟んで分断されているためだ。スーパーマーケットが商圏人口や消費額を算出して出店を決定するのに対して、コンビニは店前を通過する人の数を基準としている。そのため店舗間の距離の近さが考慮されないケースがあり、加盟店には理不尽に映る。

そうした危うい均衡の中で、出店と商圏分割、ドミナントづくりをチェーン本部は推進していったのだ。

「二四時間営業」はこうして始まった

コンビニの情報システムと共同配送システムが高度化し、ドミナント出店による商勢圏が形成されるのと並行して、セブン-イレブンは二四時間営業を徐々に拡大させていく。

配送に関していえば、深夜にトラックを走らせたほうが効率は良く、取引先にとっても、セブン-イレブン専用に設備投資した工場を二四時間稼働させたほうが投資効率が高くなる。

二四時間営業自体は、創業翌年の一九七五年六月より、福島県郡山市の直営店舗「虎丸店」や、一号店の豊洲店、本部が店舗を建設して経営者を立てた相生店と、タイプの異なる三店舗で早々にスタートさせている。七七年には一一店舗、八八年には約三六〇〇店舗中、七〇店舗へと慎重に拡大させていった。

創業から三年半後の七七年一〇月に、『販売革新』誌が三〇〇店舗に達したセブン‐イレブンを取材し、一一店舗の実験に関する詳細なデータを記述している。

それによると、一六時間営業を二四時間営業に切り替えた場合に、自然増を外して、一カ月後の売上高は一一五％、二カ月後は一二五％、三カ月後は一三五％、六カ月後には一四〇％に達した。伸長した四〇％の売上高のうち、実は深夜一一時から早朝七時までの深夜帯の売上増は八％しかなく、残り三二％の売上増は、早朝七時から深夜一一時までの時間帯による増加だったという。

これはアメリカでも同じである。当初ヨークセブン（筆者注：セブン‐イレブンの当時の本社名）のスタッフは、アメリカのセブンイレブン本社でこの話を聞いても、不思議すぎて理解できなかった。それはアメリカの特殊性だと思っていた。

つまり、半信半疑で二四時間営業の実験に入ったのだが、結果は日本でも同じであった。

（『販売革新』一九七七年一一月号）

こうしたデータをもとに二四時間営業がスタンダードとなり、情報システム、配送システムは、二四時間営業を前提として組まれていった。

第四章　需要を創造する「コンビニ食」

一　「コンビニ食」の誕生

「安売り」ができないコンビニが取った戦略

コンビニの商品開発には、スーパーマーケットやドラッグストアによる商品開発と決定的に異なる点が一つある。コンビニ業態に適さない商品開発を考えればよくわかることだが、それは「低価格商品」である。

チェーンストア産業には、「トレードオフ」という考え方がある。小売に限って簡単に言えば、日本の製造業が追求してきた、高品質、多目的、高付加価値により上昇した売価を、消費者の側に立って、不要な品質、不要な機能、不要な価値を排除して商品を開発し、NB（ナショナル・ブランド：メーカーによって企画販売される、全国的な知名度のある製品ブランド）商品と比較して、圧倒的な低価格を実現させるという開発の方向性である。

こうした低価格商品を、総合スーパーや食品スーパーマーケットは、大量陳列して大量販売した。その筆頭が中内㓛率いるダイエーであり、「価格破壊」を標榜《ひょうぼう》してきた。その価格破壊の波は、アメリカや諸外国でも実践されてきた、チェーンストア産業にとって真っ当な開発の姿勢である。

一方のコンビニ業態は、第一章で述べたが、日本に七一万店あったとされる零細な食料品店の業態転換を促すモデルとして、中小企業庁が推奨したものだ。

続々とオープンするスーパーマーケットの「安売り」に対して、零細な食料品店は小さな売上と狭い店内、少ない人員で、なす術《すべ》もなかった。大量仕入れができないため、「薄利多売」では競争できず、次第に劣勢に立たされていった。

草創期のコンビニは、弁当や惣菜、パンの売上比率は低く、加工食品においては、スーパーマーケットと同等のものを、同じ価格か少し高く設定して商売をしていた。その後、スーパーマーケットとの差別化として、長時間営業とショートタイムショッピングの利便性、ベンダーの組織化と物流の整備により、欠品を極力減らして、いつ来店しても欲しい商品を欲しい量だけ、適切な価格で買える業態として基盤を固めていった。

ただし、それだけでは、あまりに脆弱《ぜいじゃく》であった。スーパーマーケットと比較して「利便性」の提供だけでは、いつまで経っても「補完業態」の位置付けは変わらない。あのコンビニだからこそ来店するという強い動機もまた必要であり、米国にお手本がない以上、自らの手で創造していかなくてはならなかった。

それはNB商品に対抗する、PB商品による安売りではない。コンビニの業態特性により優位性を発揮できる商品の創造である。これは創業から現在まで、一貫したコンセプトのように私は考えている。一九九五年に低価格の輸入ビールを量販した時期もあったが、うまくいかなかった。やはり「トレードオフ」や「低価格競争」とは、まったく異なる軸による商品開発が求められたのだ。

「おにぎり」への着目は、なぜ生まれたのか？

鈴木敏文が常々口にする「周囲が反対した三大話」がある。一つは「日本でのコンビニ展開」、二つ目が「銀行の設立」、そして三つ目が「おにぎりや弁当の販売」である。スケールがいきなり小さくなったように映るかもしれないが、鈴木はおにぎりに着目した経緯を大切にし、周囲に何度も語っている。

アメリカのセブン-イレブンを視察した鈴木は、ファストフードの中でハンバーガーやサンドイッチが主力商品であると知る。それらは、片手で持って食べられる「ワンハンドフーズ」として定着していた。アメリカ人は、車の中や屋外で、ハンバーガーやサンドイッチを気軽に食べていたのだ。日本のアメリカ視察団が、豊かなライフスタイルとして憧憬を抱いていたコーヒーショップ（日本におけるファミリーレストラン）チェーンも、ハンバーガーやサンドイッチを充実させていた。

そのため、セブン‐イレブンも米国スタイルを真似ると周囲は考えていた。しかし鈴木は、「おにぎりと弁当の販売」を主張した。当時、おにぎりは「家庭でつくるもの」と見なされており、米飯弁当も駅弁くらいしか世の中に存在しなかった時代である。

開店当初は、店がアメリカのコンビニ風のつくりということもあって、ハンバーガーやサンドイッチのファーストフードを主力商品にしようと考えていた。そんな店に突然、「おにぎりと弁当を置きたい」と、いいだしたのは鈴木名誉顧問である。（中略）

弁当については、家庭でお母さんがつくるのがふつうだから、売れないのではないかという声が多かった。しかし「既成概念を破壊せよ、過去の経験にとらわれるな」というのが信条の鈴木名誉顧問は、そうした反対意見を押し切った。

（『セブン‐イレブン1号店　繁盛する商い』山本憲司）

当時から鈴木と親交の深かったジャーナリストの緒方知行は、かつて筆者に、「深夜や早朝に買物をする人たちがいるから、セブン‐イレブンは二四時間、店を開け続けるわけではない。セブン‐イレブンが店を開けているから、買物をする人たちが生まれたのだ」とセブン‐イレブンの意義を説いていた。

おにぎりや弁当も同じ考え方である。今でこそ、いつでもコンビニに行けば揃っている商品だが、当時のおにぎりは一日一店で一個か二個しか売れず、辛抱する時期が続いていた。品質を高め、配送頻度を増やし、鮮度を高めた結果、徐々に客に定着していった経緯があるのだ。

おにぎりや弁当、サンドイッチ、調理麺（そば、うどん、パスタ）といったファストフードは、一九七九年の売上構成比で一〇・六％だった。それが九二年には二一・二％と約二倍に伸長し、現在は三〇％強と構成比を高めている。

当時、コンビニがファストフードに注力する理由は、菓子や酒、飲料、たばこと比較して、自社開発商品のため粗利率が高く、価格競争にさらされない優位性にあった。加盟店は自店の利益を少しでも増やすため、ファストフードの品揃えを拡充していった。

八〇年代に入ると、セブン‐イレブンに限らず、コンビニチェーンは、おにぎりや弁当、サンドイッチ、調理麵といったファストフードの開発にしのぎを削っていく。加工食品分野や飲料、アルコール類においては、NB商品が幅を利かせていた。そのため、ファストフードの良し悪しがチェーンの評価に大きく影響した。

弁当惣菜の開発を支える「協同組合」の力

こうしたセブン‐イレブンをはじめとするコンビニの弁当惣菜の開発を支えているのが、「協同組合」の存在である。セブン‐イレブンを例に挙げて説明しよう。

セブン‐イレブンのファストフード（米飯、調理麵、サンドイッチなど）と日配品（パン、デザート、パウチ惣菜など）の二つの部門の売上高は、全体の四〇数％を占めていて、これらの商品はほとんどがセブン‐イレブンの独自商品であり、一九七九年に結成した日本デリカフーズ協同組合が商品を供給している。

子会社を含む主な参加メーカーは、味の素、東洋水産、ヱスビー食品、ハウス食品、森永乳業、カルビー、プリマハム、伊藤ハム、日本ハムなどであり、この日本デリカフーズ協同組合が運営する国内専用工場は、二〇一六年度末で国内の全製造工場一七九拠点のうち一六五拠点で、専用工場比率は九二・一％となる。このうち、米飯、調理麺、ベーカリーなどを、セブン‐イレブン専用で商品提供しているのは、わらべや日洋、フジフーズ、武蔵野などのベンダーである。

セブン‐イレブンの石橋誠一郎《いしばしせいいちろう》商品本部長（当時）は、一七年三月の会見で次のように説明している。

「われわれが中食を強化できるのは、日本デリカフーズ協同組合を設立して、専用工場を積極的に展開してきた歴史と、その考え方がベースにしっかりとあるからだ。専用工場をつくることによって、専用の原材料で商品開発ができ、専用のレシピを共有することができる。さらに、専用の設備を採用してコストダウンも図ることができる。

七八年に開発した、おにぎりから、調理パン、焼き立てパン、チルド弁当へ拡大できたのは、この組合があったからこそであり、一緒にイノベーションを起こすことができた。専用の設備で製造でき、専用の原材料を使用でき、専用のレシピで製造できる。だからこそ、お客様へのさまざまな約束事が、しっかりと担保できるのである。そうした商品開発の体制に、多くの大手メーカーから賛同をいただき、デイリー事業に携わっていただいている」

また、法政大学名誉教授の矢作敏行《やはぎとしゆき》は、セブン‐イレブンの協同組合について、筆者の取材で次のように分析している。

第一に「商品の安定供給」。セブン‐イレブンの創業当時、米飯惣菜を供給していた取引先は零細な企業が多かった。しかし、店舗数が五〇〇店、一〇〇〇店と急拡大する中で、商品供給が追いついていかなかった。そこで多くの企業を束ねた日本デリカフーズ協同組合により、商品供給を安定化させた。

第二に「商品開発力の強化」。小売とメーカーが一対一で取り組むよりも、得意な分野を持ったメーカーから、異質な経営資源と異なった組織能力を引き出すことで、開発力を高めた。例えば、調理麺を例に挙げれば、粉・製麺、調味料、具材、包装資材について、各々のメーカーが一堂に会して、新商品の開発と既存商品の改善を推進していった。

第三に「相互監視機能」。独立した企業の集合体は適度な緊張感を生み、一つの企業による不備が全体の不利益につながるため、互いの監視機能が強まる傾向にある。商品の安全・安心にもつながり、セブン‐イレブンにとっては、メリットとなった。

日本デリカフーズ協同組合に参画する米飯惣菜を手掛けてきたメーカーにとっては、コンビニの成長と軌を一にして企業規模の拡大が実現できた。単なる規模拡大のみならず、衛生管理の技術、商品開発の仕方、発売後のフォローのノウハウを学んだ。

一方、大手メーカーも、強力なNB商品を持ちながら、業務用の食材によって弁当惣菜の開発にも関わることができ、取引関係を深めていった。

以上が矢作の説明によるセブン-イレブンの協同組合であるが、ファミリーマートも「日本フレッシュフーズ協同組合」、ローソンも「協同組合フレッシュフーズサプライ」という組合を組織化している。

こうした、いわばインフラ整備を続けていく中で、コンビニは、どのようなヒット商品を生み出していったのか次に見ていこう。

二　ヒット商品の開発秘話

「面倒くさい」という需要をつかんだ「おにぎり」

前述のように、「おにぎり」はおでんや中華まんと並んで、コンビニが市場を独占した品種であり、鈴木敏文の独創のように現在でも語られている。米飯弁当も、持ち帰りチェーンは存在するが、コンビニが圧倒的に市場を支配している。
セブン‐イレブンが四〇〇〇店舗を超えた九〇年当時、鈴木は次のように答えている。

　みんな弁当を持っていったり、弁当箱に詰めたりすることは面倒くさいと思うようになってきた。米の需要はあるんですから、それをもっとみんながたやすく手に入れることができるようにすれば、弁当に需要があるのは当たり前なんですよね。需要のあることをやるのが、一番間違いないことなんですよ。

（『食品商業』一九九〇年一〇月号）

いわゆる「コンビニ食」として日常に定着した商品は、百貨店でも、スーパーマーケットでも、専門店でもない、コンビニ業態の特性をベースとして開発が推進された。

例えば、スーパーマーケットが惣菜を扱うときに、和惣菜、洋惣菜、中華惣菜といった分類や、煮物、焼き物、炒め物、揚げ物といった食材と調理法の拡大によって、品揃えを充実させていく。

一方のコンビニは、他の小売業と異なる軸により、優位性を発揮しようとした。その代表格が「おにぎり」や「米飯弁当」であり、鈴木敏文の言う「面倒くささ」の解消、利便性である。コンビニは草創期から二四時間営業の実験を始めて、八〇年代には大半の店舗が二四時間営業に移行した。当時のOFCは、「釣りに行く人たち」をよく例に出して、おにぎりの需要を説明していた。

一般客を乗せる釣り船は、朝六時から七時ごろに出航して、一二時ごろに帰港する。家族で楽しむ趣味ではなく、「お父さん」が早朝四時くらいに起き、身支度を整えて車で家を出る。家族は就寝中なので、朝食もなく、まして弁当の用意もない。「仕方なく」港へ向かう途中のコンビニに立ち寄って、おにぎりを買い、出航前の現地で朝食を取る。同じように、早朝スタートのゴルフやイベントなどで、コンビニのおにぎりは大きな需要がある。

コンビニが登場する以前は、家庭のお母さんが握ったおにぎりしかなかったが、朝食をコンビニに任せているうちに、全時間帯の需要をコンビニが担うようになった。

セブン‐イレブンがおにぎりの販売を本格的に始めたのが、一九七八年。シートに包まれたのりを開封して手で巻く「手巻きおにぎり」を開発した。家庭のおにぎりは、握った直後に米飯をのりで包む「直巻き」だったので、パリパリとした食感は新しかったに違いない。

直巻きにすると、ご飯が余計に蒸れて細菌数が増える弱点があったため、手巻きおにぎりを開発したのは、販売期限を延ばす意図もあったと推察するが、結果としてコンビニだけが提供する新しいおにぎりが出来上がった。

おにぎりが本格導入された七八年には、温度管理ができる大型の「弁当ケース」が導入されている。米飯温度帯（二〇度）のケースの開発によって、おにぎりや弁当が定温で管理できるようになり、店着後一五時間前後の間、店頭販売できるようになった。

七四年のセブン‐イレブン一号店「豊洲店」オープン当時の写真を見ると、「京樽の弁当です」と手書きされた貼り紙の下に、パックに詰められた寿司の太巻き、細巻きが並んでいる。七五年のファミリーマート四号店「秋津店」でも、太巻き、細巻きが並べられている。

まだ両店ともに、陳列場所は菓子などが置いてある「常温」のゴンドラエンドだ。販売期限の関係上、普通の米飯よりも日持ちがする酢飯が使え、生ものを使用しないで済む、太巻き、細巻きが品揃えされたのであろう。

手巻きおにぎりは、米や具材の改良が行われるのと同時に、誰もが失敗しない開封方法がいくつか考案されてきた。記憶に残るのが、三角おにぎりのてっぺんを開封して、中からシートをつまみ上げ、するすると抜いてのりとご飯を合体させる方式（パラシュート型）だろう。その後も、開封時にのりを破損させずに、ご飯の落下も防ぐべく、シートの改良が進められた。現在は各チェーンともに共通の、フィルムの先をてっぺんからぐるりと一周回して、シートを左右に分断する方式が採用されている。

一方の「直巻きおむすび」は、九五年に新規発売される。米飯やのりの改良による品質向上、工場の衛生管理技術による販売期限延長など、商品展開に関するさまざまな課題をクリアして商品化された。昔、家庭でつくっていたおにぎりへと原点回帰した格好だが、コンビニのおにぎりに慣れ切った当時、もはや家庭でおにぎりを握る習慣がなくなり、「お母さんが握ったおにぎり」という、ある種の懐かしさを持って迎えられた。

「焼き立てパン」を全国に届ける

コンビニ草創期には、すでに山崎製パンやフジパン、敷島製パンなど、NBメーカーが販売網を築いており、常温保存のパンに関しては、特段の苦労もなく仕入れができた。NBメーカーが、コンビニに適した品揃えを考えてくれてもいた。もともと菓子パンは、個包装の商品が多く、自分一人用の買物利用が多いコンビニには、非常に適した商品として展開できた。

一方で、山崎製パンのような大手企業が系列店を拡大させる、あるいは店内でパンを焼成して焼き立てを訴求する専門店が対抗するなど、パンの部門だけを見れば、競合店の存在はあった。パンの需要が高まる一方で、コンビニならではの魅力的な売場づくりが求められていた。

セブン‐イレブンが、米飯共同配送による一日三便配送体制をスタートさせ、おにぎりや弁当を朝、昼、晩の一日三回、鮮度の高い状態で提供するようになったころ、菓子パンを中心とする常温のパンは、草創期と同様に一日一回納品を続けていた。店内で焼成するパンの専門店が「焼き立てパン」を提供している現状を見て、その水準に近づける努力が必要と考えてもおかしくない。

セブン‐イレブンは一九九二年一二月に、北海道地区の五店舗において、新たに開発したオリジナルのパン「焼きたて直送便」のテスト販売を九カ月にわたって実施した。その結果、従来のパン売場と比較して、二・五倍の売上増となり、九三年一一月から同地域の店舗に本格的に導入、九四年一〇月から首都圏の店舗で販売をスタートさせた。

当時の「焼きたて直送便」は、菓子パンを中心に全二五アイテム。ミルクメロンパン一〇〇円、つぶあんぱん一〇〇円、クリームミルフィーユ一二〇円、オールドファッション八〇円、ピザパイ一八〇円といったアイテムであった。

全国の工場で持続的に安定した商品が製造できるように、味の素が冷凍生地を開発して供給した。さらに「焼きたて直送便」を全国で展開するために、伊藤忠商事がコーディネートして、地元の食品メーカーに工場を建設してもらい、焼成工場から店舗への配送を実現させた。

その結果、セブン‐イレブンは店舗で製造しない「焼き立てパン」を、朝食前、昼食前、夕夜食前の一日三回、店舗に配送する、製造から販売にいたる一貫したシステムを構築した。

確かに、専門店が店内で焼成するパンと比較すれば、焼き立ての鮮度に関しては、一日三回配送してもかなわないであろう。しかし、コンビニには、いつでも、どの店舗でも、手軽に購入できる優位点がある。普通の生活の中で、パンを購入して口に入れるまでの時間を考えれば、セブン‐イレブンが構築したシステムは、パンの鮮度を向上させたと言っていい。

ローソンは九五年に、一日三回生産、三回配送の「フレッシュベーカリー」の導入を開始した。セブン‐イレブンとの違いは、一つは、冷凍のパン生地を使用せず、生の生地で焼成していること、もう一つは、大手NBメーカーの持つ工場の製造ラインを、一日三回、一回二時間の計六時間にわたって提供してもらい、配送センターを経由させて店舗に供給していることだ。フレッシュベーカリーの「フレッシュ」は、セブン‐イレブンと差別化する意味でネーミングしたのだろう。

現在では、セブン‐イレブンもローソンも、一日三回配送から二回に戻している。退行させたのではなく、製造工程における技術革新により、三回でも二回でもフレッシュさをキープできるようになったと考えてよい。ともあれ、製造から物流にいたる仕組みを改革することで、消費者に対して新たな価値を提供した好例になるだろう。

これら常温管理のパンが進化するのと同時期に、調理パンも一段レベルが向上した。セブン‐イレブンは九四年八月より、現在と同じ五度のオープンケースを用いることで、新商品の調理パンを続々と投入している。当時の写真を見ると、「フレッシュサンドイッチ」と上部に記載したケースに、三角サンドやハンバーガーを品揃えしている。

この五度のオープンケースを導入する以前は、調理パンを米飯と同様に二〇度で管理していた。その温度であれば、トマトやレタスなどフレッシュな食材の使用は難しく、どうしてもコロッケサンドや焼きそばパンなど、常温に近い温度でも劣化しない素材が求められていた。

そこで具材のバラエティとフレッシュさを追求すべく、五度のチルド温度帯が検討されたが、問題はパンの品質に与える影響にあった。具材をベストな状態で提供しようと五度の温度帯で管理すると、パンがパサパサになってしまう。一方で、パンをベストな状態で提供しようとすれば、途端に具材の選択肢がなくなる。

その難問を解決したのが山崎製パンの技術で、五度のチルド温度帯にしてもパサパサにならないパン生地を開発した。シャキシャキのレタスサンドも、パン生地の改善で製造可能になった。現在のパン生地は水分を多めに含んだ、もっちりとした食感が重視されているようだ。

蒸しておくことで市場を拓いた「中華まん」

カウンターの上で販売している、コンビニ以外ではあまり見掛けない商品が、「おでん」と「中華まん」である。おでんが夕夜間の売上を底上げし、中華まんは秋冬の冷え込みが厳しい早朝に販売が伸長する。

中華まんは、横浜中華街の店頭で熱々の状態で販売されているが、一般には「コンビニ食」と言ってよいくらいで、コンビニが約七割のシェアを持つ商品である。スーパーマーケットには袋の状態で販売されているものの、自宅で蒸して食べる手間を考えれば、コンビニで蒸した状態で販売すれば、需要のある商品になるのもうなずける。

今でこそコンビニ各社とメーカーはタッグを組んで新商品の開発に勤しんでいるが、もともとは中華まんは、メーカーがスチーマー（蒸し器）とセットで売ることで、マーケットを切り拓いてきた商品であった。

コンビニ販売される中華まんを製造している井村屋は、アイスバーなどを製造する菓子メーカーだ。それが、一九六四年に「肉まん・あんまん」の販売を始めている。開発の発想は、冬場に動きのないアイスクリームの販売チャネルを活用することだった。

食料品店に設置されていたアイスクリームの冷凍ストッカーは、現在と違って冬場はスカスカになる。アイスクリームの売上が落ちる冬場は、むしろ邪魔な存在になっていた。その空きスペースに、寒い季節に需要が伸びる「肉まん・あんまん」を置いてもらい、消費者に訴求する方法を取った。

しかし当時は、冷蔵庫の普及率が半分を超えた程度で、冷凍スペースも狭く、冷凍の中華まんは販売が伸び悩んだ。夏場のアイスクリームは買ってすぐに食べられたが、冬場の中華まんは調理（蒸し工程）が必要であるため、面倒な商品と見なされ、保存して置いておくだけでは売れにくかった。

そこで発想を変えて、六五年に採用したのが、ホカホカの肉まん・あんまんをその場で提供できる、スチーマーを活用した販売である。工場で製造した肉まん・あんまんを店頭の冷凍ケースに入れておき、販売すると同時に、従業員が必要な分だけをスチーマーで温めて販売する方法を取った。

このスチーマーの開発により、今度は菓子店、パン販売店の店頭に、あらかじめスチーマーを設置する方法に切り替え、市場を切り拓いていった。この店頭で湯気を立てて、蒸し上げて販売するスタイルを導入して以降は、冬の風物詩として、当時は高校生を中心に爆発的なヒットとなった。マクドナルドが日本に登場する七一年以前の話である。

その後、ファミリーマートが七三年に一号店を開設すると、井村屋はファミリーマートと取引を始めて、現在にいたっている。

コンビニの肉まん・あんまんは、その後、ピザまん、カレーまんなど、横軸（種類）への展開を見せ、さらに肉を増量させた肉まん、高級肉を使用した肉まんなど、縦軸（価格）の幅を拡大している。

コンビニ発で広まった「ブリトー」

肉まん・あんまんと同様の、ワンハンド系商品に「ブリトー」がある。セブン‐イレブンが一九八三年八月に発売したブリトーは、競合チェーンのみならず、主要なファストフード・チェーンも扱っていなかった商品だった。

ブリトーは、小麦粉でつくった薄い生地に、具材を乗せて巻いたメキシコ発祥の料理。

セブン‐イレブンのブリトーは、とろけるチーズをウリにしており、これはメキシコのブリトーではなく、当時、米国でアレンジされて流行した仕様に近い商品であった。

なぜセブン‐イレブンが、いきなりブリトーなのか、確かな当時の証言や資料は得られなかったが、「米国チェーンストア視察団」の訪問先には、小売業だけでなく、ファストフード・チェーンやコーヒーショップも含まれていた。その中には、マクドナルドと並んで、メキシコ風ファストフード・チェーンのタコベルもあり、情報の発信地はそのあたりではないかと推察できる。

アメリカのタコベルは、八〇年代に日本で展開をスタートさせたが、ほどなくして撤退。二〇一五年に再上陸して、首都圏を中心に店舗数を徐々に拡大している。米やパン、あるいは、そば、うどん、ラーメンを主食とする日本人に、トルティーヤを根付かせるのは難しく、タコベルをファストフード・チェーンとして大衆化させるには相当な時間を要するだろう。

しかし、コンビニ発のブリトーは、料理のジャンルを意識させず、おにぎり、サンドイッチと同様のワンハンド系商品として、コンビニ利用客に定着させていった。コンビニの商品が、和食や洋食やエスニックといったジャンルから訴求するのではなく、利便性を軸に消費者に根付かせた典型的な事例といえるだろう。

「健康」という新たなコンセプトを持った「ヘルシア緑茶」

コンビニ業界にとって一つの「事件」といってよいくらい、爆発的な売上を記録した商品がある。花王の「ヘルシア緑茶」だ。二〇〇三年五月に、関東甲信越の一都九県で、「コンビニ限定」商品として発売し、多い店舗では一日一〇〇～二〇〇本、都心のオフィスビルでは一日五〇〇本を記録した店舗も出現した。

一都九県の限定であったものの、あまりの売れ行きにエリアの拡大が進まず、全国のコンビニで発売したのは翌〇四年二月と、地方のコンビニは九カ月も待たされた。同年六月からは、量販店やドラッグストアでの販売を始めたため、コンビニ特需は収束したが、特に首都圏の店舗では発売から一年間は飛ぶように売れる状況が続いた。

ヘルシア緑茶は、当時は馴染みの薄かった「特定保健用食品（トクホ）」に認可された商品であり、花王は「体脂肪が気になる方に」をキャッチフレーズに、三〇歳以上の男性ビジネスマンに訴求した。継続して飲用することで効果が出ると花王は訴えたが、それが認知されれば、ロングセラー商品として不動の地位を得られる。理想は毎日一本、少なくとも週に一、二本の購入を促すには、利用頻度の高いコンビニでの販売が、メーカーサイドとして好都合だったのだ。

一方のコンビニにとっても、「健康コンセプト」の新しい切り口を持った商品で集客ができる。さらに三五〇㎖で一八〇円と高単価ながら、コンビニ限定であるために値崩れがなく、安心して大量発注・大量販売できる商品として信頼度が高かった。

ヘルシア緑茶が採用した三五〇㎖は、サイズ自体は五〇〇㎖の補完的な位置付けであったが、その後、〇六年発売のサントリー「黒烏龍茶」も三五〇㎖のトクホ取得商品としてコンビニの棚に並べられた。

花王はヘルシア緑茶の大ヒットを受けて、〇五年三月に「ヘルシア烏龍茶」を発売する。ヘルシアブランドとして、毎日同じ味の緑茶だけを飲むのでは飽きがくるため、併用を勧めたのがヘルシア烏龍茶であった。ただし烏龍茶のほうは翌年には撤退し、しばらくはヘルシア緑茶一本で展開することになった。

コンビニには長らく「不健康」のイメージが付きまとっていた。商品が不健康というよりも、消費者のコンビニの使い方に対して「不健康」というイメージが一部にあった。深夜にカロリーの高い弁当を買ったり、菓子や飲料を過剰に摂取したり、雑誌と缶コーヒーとたばこで長時間を過ごしたり、健康生活をサポートするイメージの業態とはいえなかった。

しかし、ヘルシア緑茶の登場と、それに続くトクホ商品の品揃えにより、コンビニが消費者の健康にコンタクトする業態として、イメージ改善がされたのではないかと考える。

「コンビニスイーツ」のブーム

ブログサイトなどを調べてみると、「コンビニスイーツ」というジャンルが成立するくらい情報があふれている。立派な市民権を得ている「コンビニスイーツ」だが、コンビニ草創期からカテゴリーとして存在していたわけではない。

第二章で記述したように、一九八〇年三月にオープンしたサークルKの一号店「島田店」には、専用のケースを用いた「生ケーキ」が品揃えされていた。スジャータでお馴染みの「めいらく」が実験的に扱ったもので、人気商品の一つとなっていた。

街の洋菓子店と同品質のケーキをコンビニが扱えば、需要は見込めるであろう。ただし、既存の配送ルートで商品の品質が維持できるのか、また店舗の従業員が誰でもストレスなく扱えるのか、といった課題があった。サークルKのケーキも、専用のケースで販売されていたので、これらの課題は解決されていなかったと推察される。
コンビニスイーツに先鞭《せんべん》をつけたのが、九五年ごろに登場したセブン-イレブンの生ケーキであろう。当時商品部にいた本多利範《ほんだとしのり》は生ケーキを販売したいと考え、新商品開発の会議で鈴木敏文にプレゼンをしている。

「そんなこと言っても、おまえ、そりゃ無理だろう」とけんもほろろです。しかし、どこか引っかかるところがあったのか、思い直したように声をかけてきました。「考え直して、また来週持ってこい」（中略）「ケーキ屋のショーケースで売られているような繊細なケーキを、コンビニに陳列して販売するのは難しい。だが、プリンのようにプラスチックのケースに入れたものをつくればどうだろう。見た目も可愛らしく、搬送も販売もしやすい。これならば売れるのではないか」と。
さっそく、そのプレゼンをしたところ、いきなり鈴木さんは叫びました。「それだ！　なぁ本多、俺の言った通りだったろう」と。

（『売れる化』本多利範）

課題は生ケーキの品質よりも、配送や販売が容易かどうかだった。店の従業員や客が雑に扱うだけで、すぐに売れなくなるようでは長続きしない。プラスチックケースであれば、手で持ち上げても形状に影響はなく、従業員も楽に陳列でき、客も家まで持ち帰りやすい。

こうした商品化により、コンビニスイーツは拡大するが、品質や売場づくりの水準をもう一段高めたのが、〇七年一一月発売のサークルKサンクスによる「シェリエドルチェ」シリーズである。とろりとした食感と濃厚なミルク風味の「窯出しとろけるプリン」、三種類のチーズを配合した「濃厚焼きチーズタルト」といったヒット商品を生んでいる。当初はスイーツからスタートさせたオリジナルブランドを、〇九年一一月からは焼き菓子と半生菓子、一〇年四月からはチルド飲料へと幅を広げていく。

こうした流れの中、セブン‐イレブンは〇八年に「なないろカフェ」、ミニストップは〇九年に「ハピリッチ」と、スイーツのブランドを立ち上げていく。ローソンは〇九年に「プレミアムロールケーキ」を発売すると、改良を重ねながら今にも続くヒット商品に育て上げる。

シェリエドルチェが登場した当時は、女性の集客が大きなテーマにあった。特にサークルKサンクスの「サークルK」は、もともと車客の多い中京ロードサイド立地に出店してきたため、男性客比率が他チェーンと比較して高かった。そのマーケットに向けた商品は、自ずと男性客に好まれるカテゴリーや商品への強化が図られる。

しかし、単純に考えれば、客数を高めて売上を上げるには、男性客に注力するよりも、今は来店していない女性客の集客に傾注したほうが、高い効果が得られる。シェリエドルチェは、そうした効果を期待した戦略商品であったのだ。

ローソンは一一年のリリースで、プレミアムロールケーキをはじめとする「プレミアムシリーズ」購入者の女性比率は四七％であり、ローソン全体の来店客に占める女性比率の三〇％を大きく上回っていると発表している。

コンビニスイーツの高質化が女性客の集客を高め、その女性客の市場がコンビニスイーツにさらに磨きをかけていく。

三　「地域性」への着目と「新規需要」の創出

「全国一律」ではない「地域」対応

大手コンビニチェーンが全国に店舗網を築くにつれて、地域開発商品の役割が重要度を増してきた。ベースとなるタレやつゆ、米飯に添える漬け物まで、地域で好まれる味が確固としてあるはずだ。

かつてセブン‐イレブンで商品本部長に就いていた池田《いけだ》勝彦《かつひこ》は、その著書の中で次のように記している。

メーカーと協力態勢を組み、マーチャンダイジングプロセスにのっとって開発された本部推奨の商品があるとすれば、それをベースに、それぞれの地区ＭＤが、その地区のお客さまが好む味覚に応じて、レシピを修正して販売する。それが最も理想的な形だろう。（中略）

地区MDにとって最も重要な仕事は、その土地の食習慣や味覚、生活習慣をきっちり把握するということになる。

（『コンビニの店舗経営と商品開発の鉄則』池田勝彦）

大切なのが本部MD（マーチャンダイザー）と地域MDが別個に動くのではなく、相乗効果を生み出せるようにすることだ。例えば、本部MDが天ぷらを商品開発して全国展開に移すときに、つゆで食べる地域だけでなく、塩や、場合によってはソースで食べるところもあることを念頭におく。同じうどんでも、硬い麺を好む地域もあれば、柔らかい麺を好む地域もある。そうした情報をつかんで、工場のレシピを変更していくのだ。

食材のサイズや価格も、地域開発商品に影響を与える。例えば、鮭の切り身を使用した弁当をチェーン本部が企画したとする。もともと北海道は鮭の消費量が多く、価格も安い。関東で販売する鮭と同じ大きさでは、北海道の客を満足させることができない。そこで弁当の具材と価格は同じでも、北海道版は鮭の切り身を大きめにするといった発想が用いられる。

ただ、提供する側がどれだけ地域性に注力しても、地域に住む消費者はその地域性に気がつかず、何事もなかったように食べて終わるであろう。コンビニが大切にする地域性とは、地域の人たちにとってごく日常的な当たり前の食生活を対象としている。こうした細部への熱意が二〇〇〇年代に入ると、よりいっそう強くなる。

「唐揚げ弁当」の唐揚げは、ご当地商品

その代表格が、米飯弁当でいえば「鶏唐揚げ弁当」になる。どのコンビニでも常時品揃えしているベーシックアイテムである。セブン‐イレブンは二〇〇〇年代の中盤、使用する鶏を中国産の冷凍から国産のチルド肉に切り替えている。その国産の生肉を全国の工場でカットする過程において、各々の地域で好まれている調味料を手もみにして、下ごしらえすることにより、地域特有の商品とした。

その独自の味付けを試みたのが、全国一〇地区の工場。例えば、北海道では、ほどよく生姜《しょうが》を利かせた「北海道味」に仕上げた。栃木・茨城では、茨城県の柴沼醤油《しょうゆ》を使用、長野・山梨では、信州味噌を隠し味にして、付け合わせに地区で馴染みのある野沢菜のピリ辛炒めを添えた。中国地区では、地元で好まれている「牡蠣《かき》だし醤油」で下味をつけている。

全国どこにでもある「鶏唐揚げ弁当」であるが、基本となる下味には、しっかりと地域性を盛り込んでいる。

また、セブン‐イレブンは、見た目からして「地域性」と「季節性」を前面に出したシリーズ「地域のご飯メニュー」も投入している。これは一食分のご飯の上に軽めの具材を乗せた商品であり、価格は全品二九五円（当時）に統一した。○七年六月、七月には全国九つの地区で異なる商品を推奨した。鶏唐揚げ弁当と違って、地域の特徴を食材で表現している。いくつか紹介すると、

◎北海道：時しらず御飯
◎東北：さんま御飯
◎群馬・新潟：津南産アスパラ添え海老ピラフ
◎栃木・茨城：茨城県産しらす明太子御飯
◎長野・山梨：野沢菜鶏そぼろ御飯
◎東海：駿河湾産しらす御飯
◎関西：ちりめん山椒御飯

◎中国：焼さわら御飯
◎九州：明太子御飯

（『月刊コンビニ』二〇〇七年八月号より）

セブン‐イレブンは、それ以前は地域メニューを二～三割程度としていたが、この時代は逆転して七～八割としている。ちなみに全国統一メニューには、地域性を出しにくい、ネギ塩豚カルビ弁当や牛カルビ弁当、カレーライスといった商品がある。

コンビニが提供する弁当が地域の味ばかりでは、当の地域の人たちにとってつまらない。かといって、よく知らない流行のメニューばかりだと手を出しづらい。おそらく、地域のニーズを取り入れた食べ慣れた味と、多少は目新しい商品との程よいバランスが望まれているのだろう。

具材とつゆが決め手の「おでん」

一般には、「おでん」を購入する店は、スーパーマーケットの袋物を除けば、コンビニ以外は考えられないだろう。日本の伝統食がコンビニ食として定着し、アジア諸国にもコンビニのおでんは波及している。

七〇年代後半には、おにぎり、弁当といったデイリーフーズがコンビニの核売場として拡充されつつあった。こうした他の業態では扱っていない目的来店性の強い商品は、価格競争にさらされず、粗利益も高く店舗にとっては大歓迎であった。

そうした独自商品を拡充する流れの中に「おでん」がある。商店街の中には、おでん屋も存在していた時代であり、一定の需要は見込まれていた。ポイントはコンビニの従業員が、容易に販売できるかどうかにあった。

セブン‐イレブンは七九年に専用の什器「おでんウォーマー」を開発、具材を並べて、つゆを希釈して、什器の中で温めるだけの「コンビニおでん」の販売を一部地域でスタート、八二年には全国に展開させた。

コンビニは「家庭の冷蔵庫」と呼ばれるくらい冷えた商品を品揃えしている。七月の後半が一年を通して最も売上が上がる一方で、秋冬の売上対策を求められていた。特に夕夜間は、時間に余裕のある消費者がスーパーマーケットに流れるため、秋冬の夕夜間に目的買いされる「コンビニおでん」はうってつけであった。

おでんはスーパーマーケットの差別化にもつながった。おでんの什器はカウンター上に設置するため、常に従業員の目が届く範囲にある。客がセルフでカップに取るか、従業員がサポートするか、店舗によって違いはあるものの、おでん什器を、しっかりと管理できるのがコンビニの強みであり、スーパーマーケットにはできない販売形態であった。

また、客単価の向上にもつながった。おでんの購入は一品だけではなく、三品、四品と複数の購入が一般的である。玉子、大根は必須アイテムとして、他の具材についてもバラエティをもって品揃えし、はんぺん、昆布巻き、厚揚げ、がんも、白滝、こんにゃくなど、充実させて客単価を高めていった。

おでんの具材と、ベースとなるつゆに関して、コンビニ大手チェーンが全国に店舗網を築く過程において、当然「地域性」に着目するようになる。明確に分かれる関東と関西の違いだけでなく、東海、北海道、九州はどうなのか。さらに細かく見ていけば具材にも地域性があるはずだ。

二〇〇〇年代に入ると、各チェーンが具材とつゆの「地域性を競う」ようになった。外食チェーン大手が全国一律のメニューと味で店数を増やす時代ではあったが、外食が「ハレ」の需要であるのに対して、コンビニは「ケ」の需要であり、家庭の料理を代行する役割がある。全国各地に、コンビニ向けの専用工場や協力工場が組織化されるにつれて、おでんの具材もつゆも、その土地の工場が、地域特性を反映させて製造することが可能になった。

例えば、北海道では「フキ」、東北では「玉こんにゃく」、関西は「ごぼう天」、九州は「豚ナンコツ」といった具材。つゆについては、北海道は煮干しが強め、東海はむろ節を加え、関西は昆布を変えてさっぱりとした味にし、九州はあごだしを用いるなど、特徴を持たせていった。

話はやや飛ぶが、日本のコンビニとして中国本土に初めて出店したローソンは、上陸から一年後の九七年に、上海の店舗で日本と同様の専用什器を用いて、おでんの販売をスタートさせた。当初は日本と変わらないメニューで臨んだが反応が鈍く、ローカライズの必要に迫られた。

そこで、現地のマーケットを調査した結果、購入後すぐに食べられる状態が必須とわかり、全品串に刺したおでんに切り替え、具材は魚や肉の練り物を中心とした。このことで、おでんの「ワンハンド」化がなされ、消費者の支持を得ていった。その後、ローソンに限らず、他のコンビニも追随することで、中国では串おでんを定着させている。

人気ラーメン店とコラボする「カップ麺」

草創期のコンビニ利用者は二〇代、三〇代の男性単身者がメインであり、カップヌードルに代表される「カップ麺」がコンビニでは重宝された。おにぎりやサンドイッチ、中華まんといった「ワンハンドフーズ」ではないが、当時からコンビニにはポットが備え付けられていたので、購入してすぐに車内で食べることができ、コンビニとの相性が良かった。購入後一五分以内に消費されるのがコンビニ食だとすれば、カップ面もまた品揃えの充実が図られた。

特に体を使う長距離ドライバーや工事関係者にとっては、昼食にコンビニの弁当だけでは物足りず、カップ麺をみそ汁替わりにする組み合わせが浸透していった。

一九七一年発売の「日清カップヌードル」、七五年の「ペヤングソースやきそば」、七八年の「赤いきつね」、八〇年の「緑のたぬき」といった定番商品は、コンビニを主要チャネルにして市場を拡大していった。

カップ麺は、次々と新商品が導入されては改廃されていき、ある意味ではコンビニの売場を活性化させる、なくてはならないカテゴリーとして成長していく。スーパーマーケットは青果が季節を感じさせる場である一方、コンビニのカップ麺売場は毎週のように新商品が投入されて、目新しさを感じさせる場となった。

しかし、次第に問題点も指摘されるようになってきた。九二年発売の日清ラ王は、カップ麺にはそれまでなかった、パウチされた生麺タイプが用いられる新規性があってヒットしたが、その後の商品には粗製乱造が目立つようになった。

セブン‐イレブンも起爆剤になる新しい商品をメーカーに期待するものの、自分たちで商品開発をする必要性を感じていた。自社のチェーンでしか販売していない、訴求力の高い商品を目指した。

そこで目をつけたのが、店名を聞けば誰もが知っている有名店のラーメンである。有名店の名を冠したカップ麺の開発はできないか、検討に入った。ちょうど九四年に新横浜ラーメン博物館が開業、ご当地ラーメンもブームになっていた。そこで札幌市の「すみれ」、博多の「一風堂」の商品を発売できないかと案が上がり、直接バイヤーが店主に交渉して、実現にこぎつけた。

この「すみれ」と「一風堂」は、二〇〇〇年四月の発売から八カ月で、価格は二四八円と高額ながら、一〇〇〇万食を超える大ヒットとなった。遠隔地まで足を運ばなければ食べられない有名店の商品を、最寄りのコンビニで購入できるギャップも消費者は楽しんでいた。

この有名店シリーズを担当した石橋誠一郎は、有名店のカップ麺を「地区商品」として販売する、新たなマーチャンダイジングに取り組み、〇六年二月に「地域の名店シリーズぜんや」を発売する。実際のラーメン店が立地する周辺地域だけで販売し、その地域で末永く売っていこうと意図した商品である。

「ぜんや」の実店舗は埼玉県の新座市にある。発売開始時の販売エリアは、埼玉県と隣接する東京都多摩地区の約一二〇〇店舗に絞った。二週間後には首都圏全域に販売エリアを拡大したが、最終的には実店舗がある埼玉県で安定的に販売しようと企画した。

なぜ、このような発想にいたったのかといえば、地区ごとのデータを見ると、前述の「すみれ」は、実店舗のある札幌市が最も売れている地域であり、博多の「一風堂」も同様の数字が出ていたからだ。

コンビニは三〇～四〇坪の狭い店舗に約三〇〇〇アイテムがひしめく。棚に陳列する商品の種類には限界がある。そのため、ベストの売上を上げるには、個店ごとの適正な品揃え、地域ごとに密着した商品選定が不可避である。石橋は次のように説明する。

地域に根差した食べ慣れている味、親近感のある味だからこそ、評価していただけている。「わが街の味」ということですね。地域で愛されているからこそ、ライフサイクルの長い商品になるし、お店で自信を持って売り込める。そこで「エリアごとに商品を立てていこう」と考えるようになったんです。

（『月刊コンビニ』二〇〇六年六月号）

現在、カップ麺売場が地域に密着した品揃えになっているかといえば、必ずしもそうではない。しかし、一店舗一店舗の売上を最大化させるには、個店と地域の深掘りを進めていく必要がある。

「コンビニコーヒー」が生むカフェ需要

カウンター商材の一つ、セブンカフェは、二〇一三年一月に導入された。年間四・五億杯からスタートし、一八年度は一一億杯を突破している。一店舗当たり一日平均一三〇杯弱の販売数になる。

セブンカフェをはじめとするコンビニのカウンターコーヒーのヒットを契機に、日本のコーヒーマーケットは大きく変化した。日本国内のコーヒーの年間消費量は、全日本コーヒー協会の統計資料によると、生豆ベースで一二年度の四二・八万t《トン》から一八年度は四七・〇万tへと大きく増加している。一人当たりの飲用杯数も、インスタントや缶コーヒーが減少する中で、レギュラーコーヒーは一二年度が三・二〇杯に対して、一八年度は三・六九杯と伸長している。

コンビニのカウンターコーヒーが登場して以来、豆や抽出や雰囲気にこだわったコーヒー専門店の市場も拡大している。セブン‐イレブンの説明によると、専門店は一三年の四五八〇店舗から一八年の五三一〇店舗（予測）と、約一五％以上も増加している。

セブン‐イレブンが強調するのが、セブンカフェが既存のコーヒーチェーンのシェアを奪っていないことだ。仮にレギュラーコーヒーの飲用回数が六年前と比較して同じ程度であったとすれば、コンビニコーヒーがコーヒーチェーンの市場を奪ったことになる。しかし、生豆の消費量も、レギュラーコーヒーの飲用杯数も伸長しているということは、コーヒー市場を新たに創造したと考えられる。

セブンカフェのみならず、同時期に新たなカフェをスタートさせたファミリーマート、ローソンの刷新は、消費者がレギュラーコーヒーに求める水準が高くなったという仮説にもとづいている。仮にインスタントコーヒーや缶コーヒーから、客がスイッチしたのであれば、レギュラーコーヒーの優位性は保たれる。

ただし、毎日のようにコンビニコーヒーを飲み続けると、レギュラーコーヒーが味のベースとなり、今度はコンビニチェーン同士の競合か、いよいよコーヒーチェーンとの戦いになるので、各チェーンはラテを導入するなど、メニューを拡充したり、品質の強化に努めるなどしている。

コンビニカフェの特徴は、コンビニで購買されるすべてのフードと相性が良いことだ。クセがなく、すっきりとした味わいに仕上げている。前出のスイーツも絡めて、午後から夕方にかけてのカフェタイムといった新たな利用動機を生んでいく。

オフィス立地であれば、出勤前とランチの需要を集中的に取り込んできたコンビニであるが、それに加えてランチ後から夕方にかけて、カフェ需要の創出にも力を入れ始めている。一時期、カウンターに什器を設置したドーナツは、狙いとしてはカフェ需要の「ど真ん中」であったが、肝心のドーナツ自体の市場規模が小さく、底上げを図るにはいたらないまま姿を消している。今後は、コンビニカフェと相性の良いカテゴリーの創出が待たれる。

セブン-イレブンで商品本部長の経験もあるコンサルタントの池田勝彦によれば、カウンターで販売するコーヒー自体は、彼が入社した七七年の時点ですでに展開していた。そのころはカウンター内でドリップしていたが、ドリップ後二時間までは構わずに提供していたので、おいしくなかった。その後、何年かは続けていたが、やがて売れなくなり、その方式はやめてしまった。

その後も、コーヒーマシンを導入するなど、カウンターコーヒー自体は連綿と続けてきた。それがなぜ、一三年のセブンカフェが突然売れるようになったのか。池田は、コンビニコーヒーの成功について次のように考えている。

味が差別化されているのはもちろんのこと、いろいろと販売方法も改善努力がされてきたことだ。マシンから挽きたて豆の香りが立ち上がったり、出来上がるまで閉まったままのガラス扉があったり、改善が施されてきた。一番大きかった要因は100円に抑えた売価設定である。これらが奏功して、コーヒーはセブン-イレブンの来店目的の一番大きな要因の主力カテゴリーになっている。

（『月刊コンビニ』二〇一七年一月号）

こうして切り口を変えて導入することにより、今までの日常生活の中で、購入してこなかった高齢者や、女性の購入者も増加して、レギュラーコーヒーの客層が拡大し、自宅やオフィスでコンビニコーヒーが飲まれるようになった。レギュラーコーヒーの「買われ方」が変わったのだ。コンビニが目指す需要創造の近年の成功例である。

第五章

「インフラ化」するコンビニ

一　「サービス産業」を取り込むコンビニ

消費に沸いた時代と出店競争

昭和から平成に改元された一九八九年一月、日本はバブル景気の真っただ中にあった。自由に使える小金を持った若者たちは、毎夜繁華街に繰り出して、週末には車を使って旅行を楽しんだ。

自宅と会社の往復だけではなく、若者たちが二四時間、移動を繰り返す状況は、コンビニにとって追い風となった。コンビニは大手を中心にすでに二四時間営業体制を組んでおり、若者たちの夜型の生活に対応できた。同時に深夜のアルバイトも、「フリーター」を中心に確保して店舗網を拡大した。

大手コンビニを中心に当時の状況を振り返ってみよう。八八年一二月末、日本のコンビニ総数は約三万六〇〇〇店（MCR統計）。セブン‐イレブンは三六〇〇店舗、ローソンは二〇〇〇店舗と一六〇〇店舗の差をつけられていたが、翌年サンチェーン一〇〇〇店舗と合併し、総数を三〇〇〇店舗として首位セブン‐イレブンを猛追していた。

セブン‐イレブン、ローソンと水をあけられたファミリーマートは、新たな出店方式を導入してトップチェーンを追走した。八五年に名古屋の酒販卸と合弁で、エリア・フランチャイズ（特定地域内で、特定の企業に本部機能を与える方式）の会社「中部ファミリーマート」を設立、八七年に流通業の「リウボウ」と合弁で「沖縄ファミリーマート」を、八九年に長崎と福岡で、九〇年に北陸で、九三年には南九州でといったように、地域の有力企業と提携し、パートナー方式により全国展開を加速させた。サークルK、サンクスといった後発組も同様の方式を採用して、ナショナルチェーン化を目指した。

通常は新しいエリアに出店するときは、支社を開設して、人材を採用し、店舗開発をし、加盟者を募り、食品製造工場や物流業者などを組織化していく必要がある。しかしながら問題となるのがスピードである。当時はコンビニが成長産業であることに疑う余地がなく、陣取り合戦の様相を呈していた。新規エリアにおいて、自前で一から立ち上げるよりも、地元の有力企業と提携して、早期に全国に布石を打ったほうがよいと考えたのだ。

もちろんメリットばかりではなくデメリットもある。チェーン本部と加盟店との一対一契約による「直接管理」ではなく、間に別法人を置いた「間接管理」となる。つまり、マスター本部（ファミリーマート）とエリア本部（パートナー企業）と加盟店、という関係性になる。

このマスター本部とエリア本部の意思統一がしっかりとなされ、エリア本部が地域のニーズをきめ細かく反映できれば、互いに理想的な関係となる。一方で、両者の関係に少しでも距離が生じれば、加盟店はマスター本部の戦略を正しく理解できず、停滞を余儀なくされる。

エリア・フランチャイズ方式が上手に機能した事例もあれば、逆の事例もあるが、ともあれファミリーマートは、自社ブランドの早急な拡大に後押しされて、九〇年代はセブン‐イレブン、ローソンに次ぐ「ビッグ3」の一角としての地位を固めていった。

この時期、優勝劣敗を明確にしたのが、ビッグ3など流通系大手を中心とするフランチャイズグループと、Kマート、マイショップ・チェーンなどのボランタリーグループとの格差である。

フランチャイズは、契約による垂直統合のマーケティングシステムであり、本部（フランチャイザー）と加盟店（フランチャイジー）の関係においては、互いの権利、義務、役割が事細かに定められている。一方のボランタリーは、加盟店同士の横のつながりを重視し、任意的な、あるいは同志的なチェーンとして構成されている。

そのためKマートなどは、ロイヤリティが「売上高」の一%と低く、「粗利高」の数十%から半分以上をロイヤリティとするビッグ3とは比較にならないほど、同じチェーンとしての「縛り」はゆるい。これは加盟店にとって良いことのように見えるが、ボランタリーチェーンはロイヤリティが低い分、セブン‐イレブンを筆頭にしたビッグ3のようには情報システムに対して数百億円の設備投資などができず、次第に差は拡大していったのだ。

「コンビニサービス御三家」の開拓

ボランタリーチェーンが商品供給を軸にするのに対して、フランチャイズ・チェーンは商品供給を含むシステム全体の提供を軸としていた。情報システムの提供やOFC／SVによる店舗経営相談だけでなく、サービス機能の開発にも、大手を中心とするフランチャイズ・チェーンは余念がなかった。

『食品商業』一九八五年一〇月号に記載されている、八五年八月末時点での主要コンビニにおけるサービス商品の取り扱い状況を見ると、DPEと宅配便はビッグ3だけでなく、掲載されている計一三チェーンすべての店舗に導入されている。

DPEとは写真の現像と焼き付け、引き伸ばしサービスのことで、当時は家電量販店が勃興して街のカメラ店が淘汰され、替わってコンビニのカウンターが、その役割を担った。八六年には「写ルンです（使い捨てカメラ）」が発売され、フィルムの装着が不要になり、写真撮影がより大衆化されて、コンビニ利用が増加していった。

宅配便は七六年に現ヤマト運輸が始めたサービスで、八〇年代に入るとコンビニのカウンターを発送窓口とすることで、取扱量が急速に拡大した。発送する荷物の面倒な持ち運びは可能な限り近場で済ませたい。コンビニと非常に相性が良いサービスとして程なく定着した。

また、映画チケットの発券は、ビッグ3を含む一〇チェーンで導入されている。この映画チケットに、DPE、宅配便を加えた三種が、八五年当時の「コンビニサービスの御三家」と呼ばれていた。

プリントミスや紙詰まり、操作方法の問い合わせなどで、店舗従業員を悩ませるコンビニサービスが、コピーとファクシミリである。八五年八月末で、コピーはファミリーマートが全店、セブン‐イレブンが五九％の店舗に導入、ローソンは「立地によって、または一部地域で実施」といった状況だ。ファクシミリは、サークルKで導入が始められたが、ビッグ3はすべての店舗でまだ扱いがなかった。

こうしたサービス商品は、加盟店にとって手数料が得られる商材であるが、最も大きな目的が集客にあることは今も昔も変わらない。例えば、DPEの受け取りであれば、帰宅途中が多いだろうから、食べ物や飲み物のついでに買いが期待できるだろう。

セブン‐イレブン・ジャパンで当時常務取締役だった岩國修一は、コンビニが扱うサービス商品について根源的な意義を語っている。

ひとつひとつで利益がとれるかどうかということより、こうしたコンビニエンス性の付加によって、来店頻度がどれだけ高まるのかということが重要だと考えているわけです。

こういうサービスというかソフトウェアで最初に手をつけたのがDPEです。

(中略)何よりもセブン‐イレブンでDPEを取り扱うことの意味は、何時でもこれを利用していただけるという便利性にあったわけです。街のDPEであれば、夜7時には店が閉まっている。しかし、セブン‐イレブンであれば、何時でも取りにいけるということです。

（『食品商業』一九八九年一月号）

消費者の利便性を第一に置くこと。岩國の説明によれば、セブン‐イレブンのＤＰＥの料金は決して安いわけではないが、利用者は増えていたという。当時、どんなサービスであれ、扱いさえすれば何らかの反応はあっただろう。しかしながら、業者からのサービス商品の持ち込みの多くが、コンビニの店舗数に目を向けるだけで、客の利便性を追求する姿勢に甘く、なかなかかたちにならないと岩國は明かしている。

消費者とコンビニの接点を考えると、コンビニ業態はあらゆる業態の中でも、最も小さな商圏に出店している。言い換えれば、人々の生活圏の最も近い位置に店を構えている。

その生活を日々支えているのが電気、ガス、水道のインフラ設備である。その公共料金のコンビニによる収納代行を、八七年一〇月にセブン‐イレブンが初めて実施した。これは東京電力からの業務委託であり、東京都内の店舗からスタートさせて、関東圏全域に拡大させた。この提携は東京電力からの申し入れで実現したが、なぜセブン‐イレブンだったのか。

東京電力のサービスエリアである関東圏に高密度に展開しており、カバー率が高いこと。日曜祝日営業や長時間営業により利用者の利便性が高いこと。セブン‐イレブンの持つ双方向POSレジによる「総合店舗情報ネットワーク化」と、東京電力の持つ情報ネットワークとの連携が可能だったこと。この三つが主な理由であった。

カバー率については、当時のセブン‐イレブンの店舗数三三〇〇店舗のうち、二一〇〇店舗が関東圏に集中していた。その拠点数の優位性から声がかかったが、やがてこれらの理由は、セブン‐イレブンに限らず他のチェーンにも該当するようになり、九〇年代前半には、電気、ガス、水道、電話（NTT、KDD）、NHK受信料については、大手コンビニのほぼ全店が料金支払いを可能としている。

サービス商品の取り扱いは、他にも、クリーニング、引っ越し取り次ぎ、自動車教習所紹介、自賠責保険、宝くじ、テレホンカード、ハイウェイカード、カタログ販売など、拡充されていった。

IT時代を見越した「インターネット端末」の拡充

一九九〇年代後半に入ると、ファミリーマート、ローソンは店内に通信端末を設置して、コンビニの利便性を大きく前進させた。

九七年にファミリーマートは、ファクシミリとチケット発券端末を組み合わせた通信端末「ファミネット」を店内に設置、セルフ形式による新たなサービスを提供した。POSレジに利用していた回線を流用して、通信レスポンスの速度を高め、操作をすべてタッチパネル形式にできた。

九七年当時のインターネット世帯普及率は、六・四％（総務省調べ）。回線利用料が月額数万円と高額で、自宅にPCを置いて、オンラインでチケットの予約や購入をする時代ではなかった。ファミネットは、その過渡期において利便性を提供したのだ。

設置当初はコンピュータにも「業務時間」があり、一〇時から二一時の間でしか利用ができなかったが、チケットの取り扱いは充実が図られた。また、旅行ビジネスの規制緩和により代行収納が可能となるなどして、コンビニのチケット発券端末は重宝されるようになった。

ローソンも同年から、各種チケットの予約から購入までできる「マルチメディアステーション」を店内に設置し、コンサートやスポーツ、映画などのチケットの取り扱いを大幅に充実させた。また規制緩和された、航空券や宿泊券、ＪＴＢと提携した旅行商品などの予約や購買を可能とした。同時に、商品を購入できる専用カタログも用意し、品薄状態にあった人気商品「たまごっち」や「エアマックス」なども購入できるようにして、コンビニの取り扱いカテゴリーを一挙に広げた。

この「マルチメディアステーション」は、同年にサンクスが全店に設置、ミニストップも同年に通称「ミニマル」を稼働させている。

このころ、ローソンは「マチのほっとステーションLAWSON」をスローガンに、コンビニ業態の意義を再定義していた。物販だけではなく、サービスの追求により、生活全般に関わる利用を促進し、その「マチ」になくてはならない存在になることを目指していくとした。

例えば、九七年四月より千葉県市川市のローソン一八店舗で住民票の受け取りサービスを開始している。利用者は、午前中に市役所に電話を入れておけば、当日中に指定のローソンで受け取りができる。仕事を持つ人が平日に市役所の窓口に行く困難を、手助けするサービスだ。

当時はオンラインによる発行ではなく、現物を指定の店舗に届けるサービスであった。現在はマルチコピー機による印刷が主流に置き換わったが、行政サービスをコンビニに移管する流れをつくった取り組みと言えるだろう。

「宅配」に力を入れた「am／pm」の戦略

コンビニの「サービス」の中で、最もハードルが高いものの一つが自宅への「宅配」になるだろう。

家の近くにあるコンビニが各家庭にお届けまでしてくれたら、さらに便利になるに違いない。しかし、コンビニの歴史をひも解けば、初期の加盟店は酒屋が多くを占めていた。酒販免許を継承できるので、チェーン本部は、酒を無条件で扱える酒屋をターゲットにしたリクルート活動に勤しんでいた。その酒屋の多くは店舗販売だけでは売上が厳しく、配達サービスを加えることで店を維持している状況にあった。

漫画『サザエさん』に登場する三河屋は実在した酒屋で、作者である長谷川町子の家の近所に店を構えていた。磯野家の裏口に出入りする御用聞きとして描かれているが、こうした酒販店に対して、コンビニは配達をしなくても店頭販売だけで十分な利益を確保できる、近代的な経営ができるシステムであると訴えて、業態転換を促してきたのだ。

配達に依存した経営を否定したところから、コンビニは始まったといっていい。実在の三河屋はセブン‐イレブンに加盟するが、それも時代の流れであった。

そんなコンビニが否定した配達サービスを、本格的に復帰させたのがａｍ／ｐｍであった。同チェーンは共同石油（現、ＪＸＴＧエネルギー）がアメリカのアルコ社と業務提携して、八九年六月、横浜市に第一号店をオープンし、首都圏を中心に出店を進めた。

当時、セブン‐イレブンをはじめとする大手チェーンは、売場面積三〇坪の標準店舗を住宅地に展開していた。対してａｍ／ｐｍは、まだ大手が出店していない都心立地やオフィス街などの空白地帯に店舗網を築いていった。ビルとビルに挟まれた狭い立地を埋めるように、標準タイプにこだわらないイレギュラーな店舗も多数開発した。

夜間は人が住んでいない、例えば東京丸の内界隈にも多くの店舗を開発したが、大方はマンションのような「垂直環境」に住人がいる立地を選択して、生活者の支援を図っていく戦略を明確にした。

ａｍ／ｐｍが立地選択の他に、もう一つ他チェーンとの違いを鮮明にしたのが、九三年から全店で展開した冷凍食品の「とれたて弁当」であった。客は店内に写真とともに設置された好きな弁当の番号札を持ってレジで注文し、数分の温め時間を店内で待ってから持ち帰ることになる。

とれたて弁当は、作りたてを瞬間冷凍し、冷凍車両で配送、店内で冷凍保存される。計画的に製造でき、保存用の添加物を必要とせず、食品廃棄ロスも限りなくゼロに近い。

もっとも提供側に事情もあり、都心の繁華街立地などに出店すると、配送車が渋滞に巻き込まれたり、荷物を下ろす駐車スペースが不足したり、配送に難点が生じる。それが冷凍食品のとれたて弁当をメインにすると、一日三便の配送も必要なく、製造から納品まで、ゆとりのあるサプライチェーンを組んでいける。

そうした前提があってａｍ／ｐｍは、九六年九月から、電話で注文を受けた商品を六〇分程度で家庭やオフィスに届ける宅配サービス「デリス便」をスタートさせている。受付が一〇時～二二時、配達時間が一一時～二三時、配達範囲が都心部で五〇〇ｍ、住宅地で二㎞を目安とした。告知方法としては、各店舗に商品カタログ一万部を配布して、客に直接手渡すかポスティングした。

従業員が、ＰＨＳのイヤホンマイクで受注の電話を受けると、携帯パソコンと買物カゴを持って、来店できない客に代わって店内の商品を棚からピッキングする。このサービスは首都圏を中心に、〇二年三月時点で三六二店舗にまで拡大した。

〇一年六月からは、東京都千代田区の三店舗において、電話だけでなく、インターネットから注文できる「サイバーデリス便」のシステムを試験稼働させた。これまでのデリス便と同様のサービスを、インターネットによる注文で提供できるようにした。世帯におけるインターネット普及率が、〇一年は六〇・五%と前年の三四・〇%から急激に伸長したことが背景にある(総務省調べ)。

利用者はサイバーデリス便のホームページにアクセスして会員登録し、弁当、惣菜、生活雑貨など二五〇種類以上の中から商品を選択してオーダーする。アクセスした時点で、リアルタイムの在庫状況が、ネット上でわかるようにシステムを組んだ。配達は主に三輪バイクを使用し、届けたときに商品代金の他に一回二〇〇円の利用料を請求していた。

ａｍ／ｐｍが他チェーンに先駆けて宅配サービスを可能としたのは、首都圏を中心とした立地であるために宅配サービスのエリアが狭いこと、もう一つは主力商品「とれたて弁当」が冷凍保存できる点にあった。エーエム・ピーエム・ジャパンの商品部に所属していた久保園修《くぼぞのしゅう》が次のように記している。

仮に一店舗当たりお弁当が一〇〇個売れるとして、そのうちの三〇個、四〇個をデリス便で運んでいますから、これを前日の予測で発注するのは非常にリスクを伴うわけですが、「とれたて弁当」は店内で常時四〇〇食ストックしているので、売れる店でも二日分は確保されています。

（『2020AIM』二〇〇〇年一二月号）

冷凍弁当は廃棄ロスの心配がないので、店内に余裕を持って在庫ができる。一〇食、二〇食のまとまったオーダーにも応えられるのが利点であった。

コンビニの客単価は都心立地の場合は高くても五〇〇円前後であろう。客の心理に立てば、配達料二〇〇円を支払うのはまとまった買物でなければ「損」と考えてしまう。その点では、客単価の高いスーパーマーケットと異なる。

二〇〇〇年代に入るとａｍ／ｐｍが得意とした二三区のオフィス街や繁華街に、ビッグ3をはじめとするコンビニが続々と店を出すようになる。セブン‐イレブンも都市型の小型店の実験をスタートさせるなど、もはやａｍ／ｐｍの金城湯池《きんじょうとうち》とはいえなくなった。

〇三年に一四〇八店舗とピークを迎えるも、翌〇四年に経営が「牛角」のレインズインターナショナルに移動、そこから徐々に店舗数を減らし、一〇年にファミリーマートと経営統合して、一一年にａｍ／ｐｍブランドは消滅した。

コンビニの宅配はその後、セブン‐イレブンをはじめとして、加盟店の意思に委ねるかたちが続いた。折しも各都道府県が定めた条例による最低賃金が上昇を続け、従業員が店外に出て宅配に上がるサービスは、次第に困難な状況になっていった。

「eコマースは脅威ではない」という自信

インターネットの普及により、eコマース（電子商取引、EC）の市場はいやが上にも成長を見る。

実店舗のコンビニにとってマイナス要因にしかならないと予測する向きもあったが、二〇〇〇年七月一日、その懸念を払拭するかのように、セブン‐イレブンによるEビジネス「セブンドリーム・ドットコム」が立ち上がる。前述の通り、二〇〇〇年のインターネット世帯普及率が三四・〇%、翌年が六〇・五%なので、絶妙なタイミングであった。

同年二月のセブンドリーム・ドットコム社の設立時に、セブン‐イレブン・ジャパンの当時会長であった鈴木敏文は次のように話している。

考えてみると、コンビニエンスストアというものが単なる物販だけではなく、いろいろな意味で広く使われるようになってきた。例えばＡＴＭを店頭に導入して銀行業務を始めるということも計画しているし、今回もそれに加えて新しく「セブンドリーム・ドットコム」という形をもって、情報ネットワークによる、日本型のＥＣビジネスを確立していきたいと考えたわけである。

（『２０２０ＡＩＭ』二〇〇〇年二月号）

二一世紀を迎えるにあたり、コンビニが商品を仕入れて販売するだけではなく、本格的なサービスの拠点として機能する、とコンビニ業界のリーダーは宣言している。ちなみに同年一一月にアマゾンジャパンのサイトがオープン、楽天市場は九七年五月にすでにオープンしている。

ＥＣ専門企業に対して、セブン‐イレブンは「実店舗」の強みを活かしたＥＣビジネスを志向した。セブン‐イレブンは、これを「顔の見えるＥＣ」と表現していた。鈴木は同年、別のインタビューで次のようなビジョンを明かした。

我々の場合、商圏というものは五分で考えています。歩いても五分、クルマでも五分、自転車でも五分、これがコンビニエンスストアの商圏の考え方です。そうすると、一五分、二十分と離れていたのでは、お客さまの側からするとそれではプラットフォームにはなり得ない。（中略）その五分の距離をベースにドミナントをつくっていったときにプラットフォームが生まれ、そこにECにせよ、ひとつのビジネスとしての機会がつくられることになる。

（『2020AIM』二〇〇〇年五月号）

具体的な集客の仕組みは以下のようになる。セブン‐イレブン全店にマルチメディア端末を設置。ここでインターネットへの入り口をつくり、利用者には端末を使ってもらい、旅行や音楽、ギフト、チケット、書籍などのサービスや商品を販売する。その後インターネットショップも開設し、店頭のマルチメディア端末と連携させていくとした。すなわち、コンビニの実店舗という、近くて便利な、顔が見えて安心なプラットフォームと、ECビジネスの物流、品揃え、サービス、決済などを連携、融合させて、新しいビジネスモデルを構築していこうとする野心を抱いていたのだ。

一方で、当時はインターネット人口が爆発的に増加していたため、自宅のパソコンや一部あった携帯端末で操作できるのに、わざわざ店頭の端末を利用するのだろうかと疑問視する見方もあった。

それに対してセブン‐イレブン側は、インターネット人口が増加したといっても、使えない人たちが多数を占めていると見ていた。マルチメディア端末は、データ容量が大きく、動画や音声を用いてわかりやすく利用できるし、もし操作方法に迷っても、端末横の受話器からコールセンターに電話すれば、丁寧に教えてもらえるといった、利用者側のメリットがあると考えていた。

リアルとネットの融合について、当時の担当者の碓井誠《うすいまこと》は、デジタルプリントの現像というわかりやすいサービスを想定していた。当時はまだ店頭のマルチメディア端末を用いて、その場で画像データをデジタルプリントするしかなかった。これをネットでデータを送信して、店頭で受け取れるシステムに変えようとしていた。

現在、日本のEC市場はアマゾン一強の様相を呈している。セブンドリーム・ドットコムは、IT環境の劇的な変化に対してビジネスモデルの更新を図っている。変わらないのは、リアル店舗との融合である。セブン‐イレブンに限らず、全国津々浦々に張り巡らされた実店舗の優位性を活用せずに、日本のECビジネスの発展は考えられないからだ。

暴挙と目された「セブン銀行」開設

鈴木敏文が語る周囲が反対した三大話、「セブン‐イレブン創業」「おにぎりの導入」に続く最後が、「銀行の設立」である。メインバンクの頭取からも「失敗する」と諭されたという話を、鈴木は多くのメディアに打ち明けている。

きっかけは電気やガス、水道料金の収納代行業務である。八〇年代後半からコンビニでのサービスがスタートし、毎年二ケタの成長が続いていた。年中無休で二四時間営業のコンビニに行けば、待ち時間がなく処理してもらえる。遠くの銀行に行かなくても、自宅や会社の近くにあるコンビニで支払いができる。客の立場に立てば、支払う現金がその場で引き出しできれば、なおいっそう便利である。

一方の銀行はバブル崩壊後の九〇年代、不良債権処理が進まず弱体化していった。合併、統合により、人員のリストラと支店の統廃合が進んでいった。その結果、特に地方都市などでは生活動線上の銀行ＡＴＭが閉鎖されて、非常に不便な思いをする住民が増加していった。

それを代行するかたちでコンビニＡＴＭが出現した。ａｍ／ｐｍが先駆けて九九年三月から設置、続いて五社連合（ファミリーマート、サークルＫ、サンクス、ミニストップ、スリーエフ）がコンビニATMの運営、保守、管理などを行う合弁会社イーネットを設立し、一〇月よりATMサービスをスタートさせた。イーネットには、東京三菱銀行や第一勧業銀行、日本生命、伊藤忠商事、セコム、日本通運など、二五社が資本参加している。

これらATMは、いわば銀行主導で展開されているが、セブン‐イレブンは自前の銀行にこだわり、二〇〇一年四月「アイワイバンク銀行（後に「セブン銀行」に社名変更）」を設立し、五月にATMサービスを開始した。収益のほぼ一〇〇%は、設置したATMから利用客が引き出す他の金融機関からの手数料となる。

多くの銀行が企業向けの貸し出しや住宅ローンを行っているのに対して、セブン銀行はATM手数料に特化しているため、本社以外の支店はゼロ、極めてローコストで運営できることが特徴である。セブン銀行の成長は、セブン‐イレブンの店舗数増加と軌を一にする。年間五〇〇～一〇〇〇店舗が純増するセブン‐イレブンに設置していけば、一日当たり九〇件の利用増が見込まれる。

〇八年二月、セブン銀行はジャスダック証券取引所に上場を果たす。初代社長の安斎《あんざい》隆《たかし》は、同じ時期にローソンが日本郵政との提携を深めてATMの設置を増やしていることについて聞かれ、次のように指摘している。

私は、ほかのコンビニにATMが入ることを、ライバルとか何とか意識をしていません。むしろ、コンビニに行けば必ずATMがあることで、お客がそういう動きになります。従来の銀行さんに合理化効果が上げられる余地が出ます。それがわれわれにもプラスになるという位置付けです。

（『月刊コンビニ』二〇〇八年四月号）

他チェーンのATM設置も、それが銀行の合理化を加速させるなら、セブン銀行にとってもメリットになるというとらえ方である。セブン銀行は当時で約五五〇の金融機関と提携している。こうしてコンビニ＝ATMという利用パターンが形成されていった。

当時からキャッシュレス時代の到来が喧伝され、ATMも淘汰されると将来予測する向きもあった。この考えに対して安斎は疑問を投げかける。

旅行先に財布を持たないで行きますか？　結婚式のお祝いは電子マネーですか？（中略）お札は軽くて、電子マネーのほうが重いようです。（中略）

私は、日本の、消費者心理としても、経済発展の過程も、そうですが、国家の信用を軸に発展してきたのだと思います。その証拠に、小切手が流通しません。「私」の債務を信用しません。

（同前）

日本人の現金信仰は厚く、簡単にキャッシュレスには進まないと安斎は予測する。ある意味それは正しく、電子マネーを経て、現在のスマホペイへと時代は進むが、相変わらずキャッシュレス比率の伸長度合いは低いままだ。

前述した公共料金の収納代行、各種サービス商品の取り扱いと決済、そして銀行ＡＴＭと、コンビニは物販、すなわち「商売」だけではなく、地域の「インフラ」としての存在感を強めていった。

二　客層拡大を狙った新業態への模索

健康志向に合わせた「ナチュラルローソン」

コンビニが日常生活のインフラと認識されつつも、果たして商圏に住む人たちがあまねく利用しているかと言えば、「否」であった。草創期は二〇代から三〇代の男性中心、その後、女性客や中高年に拡大したかといえば、スーパーマーケットに代表される他業態と比較すると、コンビニ利用客は限定されているとチェーン本部は考えていた。

既存のコンビニ店舗による「個店対応」ではなく、新業態やチェーン本部主体の「新しいコンビニ像」の模索が始まったのも、二〇〇〇年代である。

その先駆となったのが、「ナチュラルローソン」だ。〇一年七月一一日、東京・自由が丘にオープンすると、初日は二〇〇〇人余りの来店客があり、注目度の高さをうかがわせた。オープン時のターゲットは、「健康になりたい人、子どもを健康にしたい人、健康に気をつけている人」。

「ナチュラルローソン」飯田橋三丁目店

一号店の自由が丘二丁目店は、売場面積は二八坪、品目数は既存店の半分以下の一二〇〇と、品揃えに苦労した跡が見える。売場の中ほどには野菜、果物のオープン多段ケースを配置した。既存のコンビニにも青果の品揃えを充実させた店舗はあるものの、野菜と果物を中央に配置した売場は破格である。

コンビニの主力である米飯には、おにぎり、弁当、寿司にいたるまで、ほぼ「玄米」を使用し、サンドイッチはオーガニックの小麦を原料にしたパンを揃え、調味料は古くからの正しい方法で製造した醤油、原料を厳選したみそを並べた。日用雑貨では、無香料・無着色のシャンプー・リンスを、他のNB商品より優先して、ゴールデンラインで販売した。

また、レジカウンターでは、野菜や果物をオーダーしてジュースにする商品や、野菜スープ、炊飯した玄米や白米などを提供した。

とはいえ、カップ麺やコカ・コーラ、NBの菓子も扱っているので、完全な自然食品店を志向したわけではない。当時の担当者は専門誌の取材にこう答えている。

あくまでもCVSのローソン。無農薬・無添加などに関心が高い方やお体の都合で買っていらっしゃる方など、ごく一部の方が使われる店ではなく、普通の人に気軽に入ってもらえる店にしたい。

（『2020AIM』二〇〇一年九月号）

自然志向の商品だけでは、日々の生活を支えるコンビニ業態は成立しない。かといってスーパーマーケットのように、ほんの一部に品揃えするだけでも特徴を打ち出せない。一定以上は訴求しつつ、既存のNB商品で補完していく売場づくりであろう。そのため購買決定の重要な要素となる価格にも配慮している。「自然食に対してお客様がお金を投資される範囲は通常の商品の大体二割高までが限度。基本的には二割以内に収めている」と担当者も話している。

こうして二〇〇一年二月末時点で、七六八三店舗を有し、四七都道府県すべてに店舗網を築くローソンによる新業態として、多店舗展開に入っていく。

ここで、この時期のローソン本部の経営状況について触れておきたい。二〇〇〇年一月にダイエーはローソンの発行済み株式の二〇%を三菱商事に売却すると発表し、同年七月に株式公開を果たした。しかし、予想よりも株価が低迷、ダイエーはグループの有利子負債圧縮が急務であり、三菱商事も含み損を抱えることになり、両社にとって「企業価値」を高める政策が強く求められていた。

そうした背景もあり、ローソンは創業二五周年記念の「ニュービジネス」コンペティションの社内公募を行い、そこで優勝したのが「ナチュラルローソン」プロジェクトであった。翌年一月、ダイエー創業者の中内㓛はダイエーの取締役を退任して、ローソンの代表取締役も退任、株式を追加売却して、ローソンはダイエーに替わって三菱商事が筆頭株主になる。

同年七月にナチュラルローソンの一号店がオープン。このときは、まだダイエー出身の藤原謙次《ふじわらけんじ》が社長を務めていたが、翌年六月に三菱商事出身の新浪剛史《にいなみたけし》が社長に就任する。

チェーン本部の経営権が替わる重大事の中で生まれたナチュラルローソンは、咲いては散るコンビニ新業態の中で、息長く支持を得て現在にいたっている。

このナチュラルローソンは来店客の男女比率が四対六と、既存のローソンの比率を逆転した。女性向けのコンビニをつくったわけではなく、自然志向を打ち出した結果として、女性比率が高まったのだ。

女性向けコンビニ「HAPPILY」

そうであれば、最初から「女性向け」のコンビニを志向してもおかしくない。am／pmは二〇〇五年一二月、東京・港区に「女性のためのコンビニ」をキーワードにした「HAPPILY（ハピリィ）」虎ノ門三丁目店をオープンした。

出店した虎ノ門はオフィス街であり、半径三〇〇m商圏で、主に昼間人口の二万一〇〇〇人をターゲットに設定した。店名「HAPPILY」のロゴにはピンク色を使用し、コスメショップのような外観を採用した。

想定する客の男女比は一対九。従業員は深夜帯を除き全員女性を採用し、女性用コスメは二五〇〇品目と通常のコンビニの一〇倍、雑誌は男性誌を置かずに女性誌のみ、女性専用トイレにはアロマの香りを漂わせるなど、女性に向けたコンビニを徹底的に追求した。健康生活を意識した品揃えも拡充した。電熱器を使用して店内で焼き上げる「焼き芋」、インスタント食品は低カロリーの春雨やスープ系を充実させ、全二一品目のミネラルウォーターなどを揃えた。販売の工夫として、中華まんは従来のガラスケースを廃して点心用のせいろうを使用し、スイーツは洋菓子店のようにショーケースを設置して提供した。当時ａｍ／ｐｍを経営していたのが、親会社であるレックス・ホールディングス社長の西山知義《にしやまともよし》。焼肉チェーン「牛角」の創業者である。西山は次のような成算を語っている。

これまでのコンビニの客層が男性65％、女性は35％と女性客が少ない点に着目した。女性がコンビニを利用するときは『緊急的』な場合が多く、それ以外は、ドラッグストアやデパ地下を利用することがほとんどであり、この部分の女性客のマーケットに焦点を当てて、今回の開発に至った。

（『月刊コンビニ』二〇〇六年二月号）

同社の調査によると、出店エリアのコンビニを利用する女性客の客単価は四〇〇円、一方、既存のドラッグストアの客単価は一〇八〇円、この差を埋めて客単価を高めれば、男性客を切り捨てたとしても十分な収益が確保できると判断した。

「女性客に特化する」発想は飲食店業界では珍しくはない。全国に五〇万店は存在する飲食店は、二〇代の女性、三〇〜四〇代のサラリーマン、高所得者層といったように、ターゲットを絞って近隣の飲食店と差別化を試みる。

一方の小売業、とりわけコンビニは、「客層」ではなく「利用動機」で差別化してきた。猛暑日の街で冷たい飲み物を買う、スポーツ観戦前におにぎりとお茶を買う、花粉症が発症したらマスクを買う、ここには性差も年齢差も所得差も関係してこない。個々の品質に対して、客が特定のコンビニを選択する可能性はあるが、少なくとも当のコンビニ側は客層を絞ってはいない。

その意味で、西山の目指した女性向けコンビニは野心的な試みであり、従来のコンビニには欠けていた「女性向け」とは何かを考えさせる機会となった。しかしながら、女性に特化したＨＡＰＰＩＬＹは多店舗化できぬまま二年半後にひっそりと閉店をしている。

撤退物件を狙った「SHOP99」の脅威

女性以外にも、コンビニを日常的に利用しない手付かずのターゲットがあった。「高齢者」である。この存在が徐々にクローズアップされてきた。

きっかけは「SHOP99」の台頭である。店内の商品は、弁当や一部デイリー商品を除き基本的に九九円（税抜き）均一、生鮮三品や惣菜、日配品を充実させた小型店である。SHOP99は果たしてコンビニか否かといった議論もあったが、大手チェーンが危機感を抱いたのが、SHOP99が出店した「物件」にあった。

それが既存のコンビニの「撤退物件」であったからだ。仮にA、B、Cの三チェーンが同一商圏で競合していたとする。売上が悪化したCチェーンがやがて撤退。立地条件や店舗運営力、チェーンの差など、その要因はさまざまにあるだろう。この撤退物件に競争に勝ったA、Bのチェーンが入る可能性もあるが、多くは条件が悪いので物件として見捨てられることになる。

しかし、こうした物件にSHOP99は出店して、成立させていった。地主と交渉し、整地して、建物を建てる必要がなく、退店物件に好条件で入居するのだから、出店速度は速まる。

そしてそこでは、普段コンビニでは見られない高齢者が早朝から続々と入店していた。当時、コンビニ飽和論を唱える者もいたが、SHOP99へ来店する高齢者層を目の当たりにしたチェーン本部の幹部の中には、コンビニが取り込むべき客層にまだまだ適応していない、すなわち拡大の余地があると前向きにとらえる者もいた。

SHOP99は九六年四月、東京都立川市に「99エンオンリーストア」として一号店をオープン、二〇〇〇年一〇月に新会社九九プラスを設立した。翌年一月に、店名をSHOP99に統一すると、怒涛の進撃を開始する。〇二年一月に一〇〇店舗、〇三年四月に二〇〇店舗、〇四年二月に三〇〇店舗、同年八月に四〇〇店舗、〇五年一月に五〇〇店舗、〇六年三月に八〇〇店舗（直営六九〇店舗、FC一一〇店舗）を達成する。この〇五年から〇六年にかけては、およそ一日一店舗の割合で出店していた計算になる。

ところがSHOP99は、〇七年一月末の八五二店舗をピークに、翌月までの一カ月間に不採算店七八店舗を閉鎖し、〇七年二月期から店舗数が減少に転じた、年度末の二月二八日に九九プラスはローソンと業務・資本提携し、〇九年五月に吸収合併された。

「SHOP99」を看板にした店も、一一年七月に全店舗が「ローソンストア一〇〇」に看板替えとなり消滅。一方のローソンストア一〇〇は、新規事業に傾注する新浪体制のもと、

「ローソンストア100」江東森下三丁目店

一三年に一二〇〇店舗を超えるまでに成長する。しかし、新浪がローソンを去った一四年以降は、店舗数は減少を続け、通常のローソンが業態転換する際の受け皿として、八〇〇店前後をキープするにとどまっている。

ＳＨＯＰ99の独立経営が行き詰まった理由は、マーケットが飽和したわけではなく、店舗マネジメントの脆弱さにあった。半年間に既存店の三分の一に当たる一〇〇店舗を出店するなど、無謀な増店を続けた。店舗管理者の育成が軽視され、大手コンビニの店長やシフトリーダー経験者が数店舗を駆け回って運営するなど、急速出店のひずみが既存店の前年割れとして業績に表れた。

「シニアにやさしい」を目指す新型店舗

二〇〇五年一二月に、イオングループがミニ食品スーパー「まいばすけっと」の展開を始めた。すべて直営で運営し、深夜から早朝は店を閉める。品揃えは生鮮食品を扱い、特に青果物は基本アイテムをほぼ品揃えするなど、コンビニとは運営や品揃えが異なっている。

「まいばすけっと」はイオングループの低価格PB「トップバリュ」を導入して、商品構成を下支えしている。米飯やサンドイッチ、そば、うどん、惣菜といった即食性の高い「中食」部門の品揃えは、コンビニほど強くなく、その点においてはコンビニではなく、「ミニ・スーパー」として位置付けられている。

ただし、飲料やアルコール、菓子、カップ麺、日配品などコンビニの品揃えと重なる商品も多いうえ、SHOP99と同様にコンビニの撤退物件に入居するケースが多いため、コンビニにとって強敵とは見なされている。

「SHOP99」や「まいばすけっと」といった新業態が高齢者の支持を得ている中、既存のコンビニで看板を変えずに、大胆な「高齢者対応」を実施する動きも現れた。例えば、

「まいばすけっと」とうきょうスカイツリー駅南店

ローソンが〇六年七月、兵庫県淡路島にオープンした「シニアにやさしい」新型店舗だ。

ローソンは高齢化する地域住人への対応をテーマに掲げていた。山形県の川西町では、〇五年に実験店をオープン、当時は珍しかった休憩室を設けたり、健康管理の一助に血圧計を置いたり、生鮮品を地元から仕入れたり、さらには仏壇用の生花、高齢者向けのコスメや下着を品揃えするなどして、売上を一・五倍にして成功を収めていた。

こうした高齢者対応の事例を全国の加盟店に紹介すると、自店も高齢者対応をしたいと次々と手が挙がり、実験後の第一号店として淡路島の「東浦町浦店」がオープンしたのだ。

特に地方の高齢化は社会問題化しつつあり、

いち店舗のオープンとしては異例なことに、テレビや新聞などの一般マスコミが開店初日の朝に店舗を囲む賑わいとなった。

高齢者に向けた事前のアンケートを反映し、外装は既存のブルーではなく、ブラウンの濃淡を使用した温かみのあるデザインに変更、売場面積はリニューアル前の四三坪から六七坪まで拡大した。

入り口は車椅子が入りやすいようにバリアフリーの自動ドア、休憩スペースの「憩いの場」には大型テレビを設置し、壁には掲示板をかけて地域情報を発信した。売場は通路幅を広く確保して、車椅子や杖を使っても通りやすいようにし、カウンターは車椅子の高さに合わせて一段低くして使いやすいようにした。

高齢者の中には、買物に車を利用できない人たちも多く、近隣の人たちに向けては新鮮な野菜と果物四〇品目を品揃えし、頻繁に来店できない人たちのためには長く買い置きができる冷凍食品を、通常店の八〜一〇倍の品目数に拡大して置いた。また、「お孫さん連れの高齢者」を意識して、子ども用の一〇〇円玩具や絵本を充実させた。変わり種では、高齢者が青春時代に楽しんだであろう、一九四〇〜五〇年代の映画「慕情」「追想」「トラトラトラ」のDVDなどを扱った。

こうしてシニアを強く意識した店づくりに臨んではいるものの、通常のローソンと同じ品揃えはしっかりと維持し、高齢者向けの商品をプラスオンしていくかたちを取った。そのため、通常店よりも五〇〇品目多い三五〇〇品目を店内に並べている。

では、高齢者への対応を競合チェーンが怠っていたかというと、決してそうではない。セブン‐イレブンもファミリーマートも、個店が仕入れできる範囲内において、高齢者の多い立地では対応してきたはずだ。洋菓子よりも和菓子を増やしたり、漬け物や豆腐など日配品を広げたり、拡大鏡を扱ったりと、取り組んではいる。ローソンはそうした対応に大きく振って、全社的な意識づけを図ったと見ることもできる。

女性のコンビニ利用は、就業率の上昇とともに次第に変化する一方で、年々高まる高齢者比率に対して、大手コンビニはなかなか有効な手を打てなかった。

その潮流を大きく変えたのが、東日本大震災であった。

三 「震災」とコンビニの使命

「阪神・淡路大震災」と中内㓛の小売魂

コンビニが生活のインフラ、人々のライフラインと強く意識されるようになったのは、東日本大震災以降であろう。テレビや新聞でも、奮闘するコンビニ店舗や仮設店舗、移動販売車が頻繁に紹介された。

一方、小売業の取材や専門誌に長く携わってきた筆者にとって、最初にそれを意識したのが一九九五年一月一七日に発生した、阪神・淡路大震災である。犠牲者は六四三四人、当時は戦後最悪の自然災害であった。

（著者注：中内さんは）「鈴木さん、すぐ現地へ飛び、オーナーさんたちを、お見舞いして回れ」と指示を出された。そして「ローソンの灯を消すな」「全国からの応援態勢と商品供給に万全を期せ」と矢継ぎ早に指示を出されたのである。

（「〈コンビニ創業戦記・附伝〉鈴木貞夫の元気商人塾」Food Voice）

被災地には、ダイエーの創業店である三宮店をはじめ、ドミナント形成していたローソンも数多くの店舗を出店していた。

創業者の中内㓛は、グループトップとして東京本社を離れるわけにはいかず、緊急対応を鈴木貞夫に託した。鈴木貞夫はサンチェーンの創業者だが、八九年にローソンとの合併後は、代表権のある副社長に収まっていた。

中内の厳命を受けて、ダイエーとローソンは通常営業の再開に邁進した。中内は「商品がなくても、店の明かりをつけておけ」と大号令をかけた。店に明かりが灯っていれば、被災した人たちを少しでも安心させられると考えたからだ。また、発生から三日後に現地入りした中内は、電気が通じず、店を閉じているローソン店舗を見て、駐車場や店頭に商品を並べてでも販売するように発破をかけたという。中内がこだわったのは「店を開け続ける」ことだ。その執念のような姿勢、商人魂には心打たれるものがあった。

中内が率いるダイエーとローソンの激闘は、一般メディアでも報道された。また被災地に当時は出店していなかったセブン‐イレブンも、滋賀県の工場からヘリコプターにおにぎりなどの救援物資を積み込んで、神戸に飛んでいる。

このときに初めて、スーパーマーケットやコンビニが災害時の重要なライフラインになると、われわれの知るところとなった。

実はコンビニによる災害対応は、それ以前から徐々に蓄積しつつあった。セブン‐イレブンは八八年八月に、海水浴シーズンで道路が渋滞する神奈川と千葉の一部店舗に、ヘリコプターとトラックを使用して商品を配送するシミュレーションを実施している。九〇年七月の熊本の集中豪雨では、道路が寸断されて米飯・惣菜類が配送できなくなったため、セスナ機をチャーターして、福岡から熊本へ商品を空輸している。

たとえコストに合わなくても、客が欲しいときに欲しい商品が手に入る状態を常に保つのが、コンビニの責務であるとするセブン‐イレブンの基本姿勢を、具現化した措置であった。

「新潟県中越地震」の際に見た緊急対応

二〇〇四年一〇月二三日に発生した新潟県中越地震。当時、『月刊コンビニ』誌の編集長だった私は、発生から数日後、部員と共に被災地へ向かった。上越新幹線が不通となり、新潟までは空路、長岡まではＪＲの在来線を利用し、そこからタクシーで最も被害の大きかったエリアの一つ小千谷市へ向かった。

市内を徒歩で移動し、コンビニを中心に営業状況を取材した。被災直後でありコンビニ従業員への直接の聞き取りは慎しんだが、客の立場で店内と従業員を「観察」し記事にした。

大手コンビニの店内には、おにぎりや弁当の入ったケースが通路上に積まれたまま、売場のケースにも商品がぎゅうぎゅうに詰められている。通常の発注と納品のサイクルではなく、チェーン本部の判断により、商品の「送り込み」で店を回している状況だ。

昼食用にと、ケースからおにぎり数個を手に取ってレジに持っていき、スキャンしてもらうと、ブザーが鳴って先に進まない。販売期限が過ぎているのだ。従業員に新しいおにぎりと交換してもらい購入できた。製造元を見ると、地元の工場が被災したか、道路が寸断されたかの理由で、福島県の製造工場から送り込まれていることがわかった。

震災時は、ライフラインとして、水やおにぎり、カップ麺など、被災地の支援物資とは別に、店が営業できるよう日常に必要な基本的な商品が送り込まれる。普段の需要と大きく異なり、予測が困難なため、不足が生じないように大量の送り込みとなるのであろう。

本部からの応援も駆けつけていたものの、販売期限のチェックなどする余裕もなく、売場に大量のおにぎりと、弁当類が、どんどん入荷する事態となる。仕入金額も多額になるが、この場合、店舗が加盟店契約であっても、チェーン本部が廃棄分の金額を負担する特別な措置が取られているようだ。

ロードサイドに出店している中堅チェーンを訪れると、まだ送電が復旧していないエリアなのか、電灯がついていなかった。レジは稼働せず、「ため銭」による対応であった。店主が電卓を叩いて対応している。冷蔵庫が使用できないため、菓子パンやカップ麺、日用雑貨、常温の飲み物くらいしか販売する商品がない。それでも店頭に立ち、客を出迎えていた。商人魂を見る思いであった。

この時期、専門調査機関などが、「南海トラフ巨大地震」の可能性について情報を出していた。ある大手コンビニチェーンの幹部も、発生時の情報収集と安全確保、物流体制など、シミュレーションを行って、万全の体制を組んでいると話していた。

「東日本大震災」からの早急な営業再開

二〇一一年三月一一日、日本列島をマグニチュード九・〇の巨大地震が襲った。観測史上最大の地震であり、死者、行方不明者、一万八四〇〇人以上というのは、従来の地震災害と比較してもケタ違いの被害だ。

ここでも多くのコンビニが、災害直後から販売活動を迅速に再開させ、ライフラインの担い手として存在感を示すかたちとなった。

大手五社（セブン、ローソン、ファミリーマート、サークルKサンクス、ミニストップ）の震災直後の休業店は、約一六五〇店舗あったが、半月後には約九七％の店舗が営業再開を果たしている。

その後、壊滅的な打撃を受けた地域では、仮設店舗の設置により営業を再開している。例えば、福島第一原子力発電所の事故により、川俣町の仮設住宅で暮らす人たちのために、ファミリーマートが同じ敷地内にプレハブ建ての店舗を開設している。売場面積は約二〇坪、品目数は一〇〇〇程度、営業時間は七時から二〇時まで、米飯やおでん、日用品を販売し、仮設住宅に暮らす人々に日常の買物空間を提供した。

とにかく店を開けることが最優先。短期間かつ低コストで開店できる方法を採用した。コミュニティを重視し、仮設住宅の入居者が交流を深める場として、テーブルと八席分の椅子を用意して、食事や休憩、会話ができるスペースを確保した。また、店舗の横に町営の談話室を設置して、約八〇枚のDVDと、四〇〇〜五〇〇冊の本を無料で貸し出し、軽自動車も三台用意して、レンタカーサービスを実施していた。さらに、計画的避難区域の雇用確保のため、店長をはじめ店内で働く六人の従業員は、すべて同地区の住人や出身者から雇用した。

このプレハブ店舗「ファミリーマート川俣町店」店長の大内《おおうち》隆央《たかお》は、次のように語っている。

ここで暮らす人たちにすれば、数少ない生活物資の補給の場で、なおかつ地域住民のだんらんの場も兼ねていると思うんです。商売の原点といわれる「地元の居酒屋」みたいな存在になって、避難生活を余儀なくされている人たちをバックアップしていきたいと考えています。

（『月刊コンビニ』二〇一一年八月号）

ローソンも、プレハブを利用した初めての仮設店舗「陸前高田鳴石店」、倉庫を改装した「南三陸エムズ店」などを開設した。また、近畿地区で出張販売に使用していた移動販売車を「モバイルローソン号」と命名し、被災地の買物が困難な地域で営業をスタートさせている。

セブン－イレブンも、宮城県気仙沼市と岩沼市に仮設店舗をオープンした。気仙沼市の店舗は、気仙沼公園の約一〇〇世帯三〇〇人が入居する仮設住宅の敷地内に出店、売場面積は約一〇坪と狭く、おにぎりや弁当、日用品など、八〇〇品目に絞り込んで売場を構成した。同店舗では、保冷トラックを改造した移動販売車も用意して、気仙沼漁港を中心とした近隣エリアで稼働させている。

コンビニ各チェーンは、ともかく被災した人たちの日常を取り戻すために、店舗の再開に迅速に取り組んだ。

一般的に小売業は、店を建てて、売場をつくり、商品を並べて、チラシをまき、集客して、売上を上げる。戦術や目的を持って「商売」を営む。しかし、コンビニの被災地における迅速な店舗再開と、移動販売車や仮設店舗による営業には、商売の次元を超えた高い理念がある。中内㓛が阪神・淡路大震災の被災地で、「商品がなくても明かりをつけろ」と指示した店の存在価値に通じる活動であろう。

前述したように、コンビニ草創期には、一店舗に商品を供給するために一日七〇台の配送車を必要としていた。それが共同配送システムにより、一日八台にまで削減できている。また、製造してから販売期限まで、三〇時間程度のおにぎりや米飯弁当を売り切る体制が店舗にはある。在庫をほとんど持たずに、商品を回転させていく。この盤石な供給システムと販売体制こそが、コンビニ業態の特徴であり、災害が起こっても早急な再開を可能とする要因でもある。

第六章

「ビッグ3競争時代」と「コンビニの未来」

一　相次ぐ統合により三つ巴の争いへ

「コンビニ飽和論」の打破

かつて経験しなかった大規模な自然災害により、日常生活に必要とされる、食べ物や飲料、日用品、サービスなどを身近で提供するコンビニの存在が、改めて脚光を浴びるようになってきた。コンビニにほとんど足を踏み入れた経験のない高齢者や主婦層にとっても、利用機会が徐々に増えていった。

実は二〇〇〇年代の後半に、「コンビニ飽和論」を大手チェーントップが口にして物議を醸したことがある。〇九年二月末のコンビニ店舗数が四万四四五八店舗、一九年二月末が五万八六六七店舗だから、業界全体で一〇年間に一万四二〇九店舗、約三二％も店舗数を伸長させている（『月刊コンビニ』調べ）。飽和論は杞憂《きゆう》に終わったのだ。

飽和論が唱えられた背景はわかる。東日本大震災前年の二〇一〇年五月から八月の各月における既存店売上高の対前年比（％）を見ていこう。セブン‐イレブンは「▲一・

〇」「〇・三」「一・七」「二・六」、ローソンは「▲四・六」「▲〇・八」「〇・四」「〇・二」、ファミリーマートは「▲三・八」「▲二・四」「〇・〇」「〇・二」と天候要因を除けば既存店は頭打ちの状況に見えた。

しかし、震災が起こった二〇一一年五月から八月の既存店売上高の対前年比（％）を見ると、セブン‐イレブンは「六・五」「九・五」「一〇・一」「七・〇」、ローソンは「五・〇」「七・二」「九・五」「八・五」、ファミリーマートは「二・四」「八・二」「八・〇」「四・九」といずれも高い数値を記録した。

もちろん震災特需もある。スーパーマーケットが被災したり、消費性向が高額品から日用最寄品に向いたり、ガソリンの使用を抑えて買物を近場にしたり、コンビニに有利に働く理由もあった。

一方、コンビニの存在が見直されたことで、新しい客層を呼び込んだり、商品の良さを訴求できたりと、客数や客単価を高める契機になった。例えば、セブン‐イレブンは、震災前の一一年二月期は全店平均日販が六二万九〇〇〇円だったが、一二年二月期は六六万九〇〇〇円に跳ね上がっている。翌一三年二月期も六六万八〇〇〇円と高い水準を維持した。

店舗数も震災後は増加ペースが増している。一一年二月末のコンビニ（一五チェーン）の店舗数は四万六二三六店舗、一二年二月末は四万七六〇一店舗となり、復興一年目は一三六五店舗の増店にとどまったが、一三年二月末は五万一四九店舗（前年比二五四八店舗増）、一四年二月末は五万三〇六四店舗（前年比二九一五店舗増）、一五年二月末は五万五五五八店舗（前年比二四九四店舗増）と、出店にアクセルがかかった状態で、コンビニ業界は走り続けた。客層の拡大、とりわけ主婦や高齢者に向けて惣菜メニューを強化するなど、各チェーンの商品開発もこれを後押しした。

その過程で、チェーン間の格差も現れてきた。

一二年から一五年までの三年間で、セブン‐イレブンは三四八六店舗の増店、同様にローソンは一八一九店舗、ファミリーマートは二四九四店舗の増店となった。

一方、第四位のサークルKサンクスは、両ブランド合わせた増店が一八四店舗にとどまり、大手三チェーンに追随できぬまま店舗数の差が拡大していった。大手チェーンほど増店していなくても、例えばセイコーマートのように北海道で第一位のシェアを持ち、製造から物流、販売まで、一定エリアで盤石なシステムを築いているチェーンは強い。しかし、サークルKサンクスは、一五年二月末段階で三六都道府県に分散し、サークルKが牙城とする東海四県もセブン-イレブンに猛追されていた。

二〇一六年九月一日、ファミリーマートはサークルKサンクスと経営統合し、新生ファミリーマートが始動することとなる。

少し時代をさかのぼろう。両社の経営統合を主導した伊藤忠商事は、九八年に西友からファミリーマートの株を引き取り、筆頭株主となった。〇二年には伊藤忠商事出身の上田《うえだ》準二《じゅんじ》が社長に就任し、退任まで上田はファミリーマートの顔であり続けた。

ユニー傘下のサークルKと、長崎屋のサンクスが経営統合し、サークルKサンクスとなったのが、二〇〇四年のこと。伊藤忠商事は、中京エリアへの拡大の一環として、サークルKサンクスをグループに持つユニーとの連携を強め、〇九年に資本業務提携により三%を出資する。その後、ファミリーマートとユニーの関係は膠着化するも、七年の期間を経て経営統合にいたった。

ファミリーマートは年間二兆円の売上を上げており、伊藤忠商事にとっては、食料生産から食品加工、食品卸、販売にいたる重要なチャネルである。ここにサークルKサンクスの一兆円弱の売上がコンビニチャネルで加わることになる。

コンビニは老若男女を問わず、あらゆる消費者の日常に深く関わっており、食を主体とする商品の販売先だけにとどまらず、情報サービスや金融サービスなど、あらゆる可能性を秘めている。消費者との直接的な接点を持つことで競争優位に立とうと考えたのだ。

その後、伊藤忠商事はユニー・ファミリーマートホールディングスの株を買い増し、一八年八月にファミリーマートを子会社にしている。

ちなみにローソンについても商社の支配が強くなり、一七年二月に三菱商事がローソンへの出資比率を五〇％超まで引き上げて、子会社化している。

大合併によりファミリーマートとローソンが猛追

セブン‐イレブンは、ファミリーマート、ローソンよりも、いち早くチェーン展開を軌道に乗せ、草創期から常に店舗数で二チェーンを上回る出店を重ねてきた。

ローソンも九〇年代中盤からは、中内㓛が号令をかけて大量出店に舵を切る。九七年に沖縄に進出し、コンビニ業界で初めて全都道府県を制覇した。ただし、株式上場前に無理をして開発を進め、店舗数の「数」を稼いだと見る向きもある。

二〇〇〇年代に入り、セブン‐イレブンは、ローソン、ファミリーマートとの差を徐々に広げていく。経済誌の中には「セブン一強」と見出しを打つところも現れた。このセブン-イレブン、ローソン、ファミリーマートの並びは「安定的に」継続していく。

その並びを覆す可能性を見せたのが、先のファミリーマートとサークルKサンクスの経営統合だ。ファミリーマートの幹部社員からも「セブン-イレブンのテールライト（尾灯）が見えた」と、数年後の逆転の可能性を示唆する声も聞かれた。当時ユニー・ファミリーマートホールディングス社長だった上田準二は、次のような期待を述べた。

「チェーンストアビジネスというのは、数イコール質、質イコール数で全国にドミナントを密に広げていくことによって、さまざまなサービスを提供できる場になっていく。お客様が全国のどこに移動しても、ファミリーマートが提供する新しい商品やサービスを享受していただく。規模の拡大が質の向上に直接つながっていくと思う。その意味では、まだまだセブンさんとは差はあるが、キャッチアップしていきたい」

ファミリーマート社長の澤田貴司《さわだたかし》は、さらに慎重な姿勢で語った。

「質を高めていくことが、私に課せられた使命だと思っている。量が（十分に）ないと質がともなわないことは事実だと思うが、量があったからといって質が上がるとは限らない。ただし量があれば、そこに質を含めることができる可能性が高い」

トップチェーンのセブンに向けて、両者とも謙虚に言葉を選んでいるものの、追撃の姿勢は明確に示している。

ファミリーマートは、既存の「ファミリーマート」一万一九四五店に、サークルKサンクスの「サークルK」と「サンクス」の六二九五店舗がオンされ、計一万八二四〇店舗。首位を走るセブン‐イレブンの一万九〇四四店舗に肉薄することになる。その差を八〇四店舗まで縮めた。

しかし、ファミリーマートも、この店舗数がベースとなるとは考えていなかった。すべてをファミリーマートに看板替えするにも、赤字で黒字化の見込みの薄い店舗を継承するわけにはいかない。さらに無益な自社競合を解消して、整理統合する必要が生じる。

例えば、同じ商圏内に、ファミリーマートとサークルKとサンクスの三店舗が立地していたとする。大赤字でなければ、ファミリーマート以外の二店舗を「とりあえず」ファミリーマートに看板替えする。同じ商圏でファミリーマート三店舗が成立すれば営業を続ける。ファミリーマートと、サークルKかサンクスを使い分けしていた客が多いとすれば、ファミリーマートは三店舗も必要なく、二店舗に集約していく。

とはいえ安易に店舗を手放せば、その後釜としてセブン‐イレブンやローソン、あるいはミニ・スーパーの「まいばすけっと」あたりが同一商圏に進出してくるので、看板替えと整理統合は慎重に進めていった。

その結果、経営統合時の一万八二四〇店舗は次第に数を減らし、半年後の一七年二月末に一万八一二五店舗、一八年二月末に一万七二三二店舗、一九年二月末に一万六四三〇店舗とスリム化していった。経営統合時には八〇四店舗までセブンとの差を詰めたファミリーマートであったが、一九年二月末には四四四六店舗まで差が広がる結果となった。

しかしながら、不採算店を思い切って整理し、筋肉質のチェーンに転換を図ったと考えれば、店舗数の減少も前向きな取り組みとして評価されるべきであろう。

同じころ、ビッグ３の一角、ローソンも動き出す。二〇一七年二月一日、北関東と新潟をドミナントとするローカルチェーンのセーブオンは、ローソンとメガフランチャイズ契約を締結したと発表した。これによりセーブオンが出店する、群馬、栃木、新潟、埼玉、千葉、長野の約五〇〇店舗は、十八年度中にすべての「セーブオン」の看板を「ローソン」に転換するとした。

決断の背景には、先行して事業譲渡した富山県、長野県の看板替えローソンが、前年一三〇％の売上を上げた実績がある。筆者の取材にセーブオン側は次のように説明した。

「地域密着を図るチェーンとして、さまざまな対応策を模索してきたが、コンビニ業界の寡占化、少子高齢化、人手不足による人件費の高騰など、今後の経営環境を見据え、これまで以上にお客様に満足していただけるよう、地域の皆さまのニーズに応えていくために、セーブオン全店舗の転換を決断した」

さらに神奈川を中心に首都圏をドミナントとするスリーエフも、一七年度中にほぼすべての看板を、ダブルブランド店舗「ローソン・スリーエフ」へと転換した。スリーエフは業績の悪化にともない、前年度に先行して八九店舗を看板替えし、商品も含めてローソンパッケージで運営を継続した。その結果、売上の対前年比が一一〇％以上で推移したことで、全店舗の転換を決断している。

こうして、ローカルチェーンとして大手と差別化を図ってきた五〇〇店舗強の「中堅」と呼ばれるチェーンは、大手に飲み込まれていった。

経営規模と商品の質との関係

一時ファミリーマートと店舗数がほぼ並びかけたことで、セブン‐イレブンも多くのメディアからコメントを求められていた。同じ質問に辟易したのであろうか、社交辞令はなしに、セブン＆アイ・ホールディングス社長の井阪隆一《いさかりゆういち》は次のように牽制《けんせい》した。

「立地、商品、サービス、これらの質を三位一体で追求していく。量がまとまれば質が付いてくるというのは幻想だと思っている。そして、いま一度、既存店の質を徹底的に上げていく」

ここで言及されている「商品の質」とは何か。NB商品やNBメーカーに製造を委託した商品は、チェーン間でもほとんど差はつかない。客の評価が分かれるのがデイリー商品、すなわち米飯やサンドイッチ、調理麺、惣菜などの「中食」である。第四章で述べたが、セブン‐イレブンは日本デリカフーズ協同組合を設立し、セブン‐イレブンのみに商品を供給する専用工場化を推進してきた。

創業時から、セブン‐イレブンは、ある特定のエリアに集中的に店舗をつくるドミナント出店にこだわってきた。店舗数がまとまれば、専用工場を自分たちのチェーンだけで回していける。

ファミリーマートは、サークルＫサンクスとの統合により、結果として一定エリアの店舗数が増加した。その数をベースにして工場の専用化を推し進めた。同時に、米飯温度帯（二〇度）やチルド温度帯（五度）といった、温度帯別の専門工場化にも注力して、セブンの製造体制へのキャッチアップを意識した。

従来は、デイリー品を製造するメーカーに商品を委託しても、その製造ラインに見合うだけの店舗数がついてこなかった。そのため、生産性を高めるために、おにぎりのような米飯温度帯の商品から、サンドイッチのようなチルド温度帯の商品までを同じ工場で製造せざるをえない面もあった。しかし、経営統合により、一工場あたりの販売拠点が増えるので、おにぎりは米飯温度帯の専門工場、サンドイッチはチルド温度帯の専門工場といった専門化が可能になってくる。

ファミリーマートの上田準二が語った「規模の拡大が質の向上に直接つながっていく」とは、こうした商品の品質向上の点でも理解できるし、セブン‐イレブンの井阪隆一が応じた「量がまとまれば質が付いてくるというのは幻想だと思っている」というのも、発言の行きつく先は同じだ。数が増えれば質が向上するのではなく、質の向上につなげなくては意味がないということなのだ。

社会構造の変化を見込した「新型レイアウト」の設計

ファミリーマートとサークルKサンクスが経営統合した時期、セブン‐イレブンは新しい店づくりの実験を進めていた。後に明らかになる「新レイアウト」店舗である。その売場変更は、チェーンの違いにかかわらず、コンビニに毎日通っている人たちからするとかなり「異質」に見えたはずである。

一七年四月、セブン＆アイ・ホールディングス社長の井阪隆一は、新レイアウトの実験を初めて明かし、既存店の半分以上に導入する計画を発表した。第三章でレイアウトについて記述したが、この新レイアウトは既存の店舗とどのように異なるのか。

新レイアウトは、出入り口が左右の真ん中に配置されている。これだけでもコンビニを使い慣れている人からは奇異に映るが、さらに驚くのは、入り口から入ると、正面の什器が「縦」に五～六列並んでいること。その什器の奥の正面にレジカウンターが設置されているのだ。

よほど立地がいびつな店舗は例外として、什器が「縦」に並び、カウンターが什器の奥正面にあるコンビニには、初めて利用する人たちはずいぶんと戸惑うであろう。そのくらいインパクトの強い売場づくりにセブンは取り組んだのだ。

背景には、働く女性の増加、遠くまで買物に行きづらい高齢者の増加、世帯人数の減少といった社会構造の変化がある。一五～六四歳女性の就業率は、〇六年の五九％から一六年の六六％へ、六五歳以上の高齢化率は、同様に二一％から二七％へ、「単身・二人世帯推移数」は、同様に五五％から六六％へと増加している。

〇六年と一六年のセブン‐イレブンのカテゴリー別の変化を記すと、販売数量で、冷凍食品が五六二％、コロッケや鶏の唐揚げ、挽きたてコーヒーなどのカウンター商品が二三二％、米飯やサンドイッチ、調理麺、惣菜などのデイリー商品が一二二％と増加している。逆に減少したのが、たばこ九四％、雑貨八四％、酒類八一％、雑誌（コミック・書籍含む）三七％となった。

そこで既存のレイアウトを見直して、需要の変化を大きく取り込んでいこうと考えたのだ。カウンター商品の拡充を目的に、カウンターの長さを二・五ｍ拡張して八・四ｍに、米飯・チルドケースを二台以上増設して四台に、冷凍食品の品目数を約二倍に増大した。この新レイアウトを、一七年度には既存店の改装と新規店を合わせて一三〇〇店舗に導入した。

新レイアウトへの変更により、主に「冷凍食品売場の拡大」「オープンケースの拡大」「カウンターの拡張」を実現している。

二 「夕夜間」競争と「ラストワンマイル問題」の克服

「お母さん食堂」「鍋から〆まで楽シメる！」「ビュッフェ形式」

東日本大震災以降、客数と客単価が向上し、各チェーンとも日販が増加した。しかし、増加した日販もやがて頭打ちとなり、次の施策が求められていた。セブンの新レイアウトも、変化した客層と売れ方に対応した大胆な改革であった。

ファミリーマート、そしてローソンも、女性や高齢者をこれまで以上に意識して店舗に呼び込もうと、「夕夜間の品揃え強化」を鮮明にした。これはコンビニの主戦場が、夕夜間にシフトすることを意味する。

乱暴な言い方をすれば、朝と昼は店舗の実力に大きな差が生じない。要は立地勝負である。朝の通勤、通学では、自宅から目的地までの動線上の店舗を選択する。昼のランチ帯も時間が少なく、近場の店舗を利用するだろう。しかし、夕夜間は朝昼と違って時間に余裕が生まれる。客は競合チェーンやドラッグストア、スーパーマーケットなどの選択肢から選ぶようになる。

そこでファミリーマートは、夕食の惣菜が揃うことを訴求した「お母さん食堂」のブランドを拡充している。主にチルド温度帯の惣菜カテゴリーを対象商品としてラインナップし、続いて一九年には冷凍食品にもブランドを広げている。

ファミリーマートが着目したのが客単価である。惣菜や冷凍食品を購入する客の客単価は高い。特に「お母さん食堂」の商品を購入する客の（それ以外の商品を含めた）客単価は一三四九円と高く、通常のファミリーマートの客単価の二倍以上になった。

「スーパーマーケットの平均客単価が一九〇二円（推計）なので、買われ方がスーパーマーケットに近づいているイメージ」とファミリーマート常務執行役員で商品・物流・品質管理本部長の佐藤英成《さとうひでなり》は分析している。幅広い年代層に馴染みのあるメニューの品揃えを拡大し、惣菜がいつでも揃う店として確立し、惣菜ブランド「お母さん食堂」を中核とした「個」から「家族」に対応した商品提案を強化した。

例えば、中華メニューであれば「お母さん食堂」の売れ筋ランキングでは「旨辛ソースのぷりぷりっ!海老チリ」がトップに立つ。そこから中華メニューを派生させて、海老マヨであったり、五目あんかけであったり、食卓で馴染みのある中華メニューを展開している。煮魚であれば、サバの味噌煮といった定番の他、カレイ、イワシを投入している。

コンビニ業態の成長・発展のためには「個」から「家族」に向けた提案は不可欠である。一方で、単身者は男女問わず重要な顧客層となる。そこでローソンが開発した商品が、野菜が取れる手軽な鍋、それにプラスして締めを楽しませるセットメニューである。締めは雑炊やうどん。食のイメージは、お酒を飲みながら鍋をつついて野菜を取り、ある程度食べた段階で締めの具材を投入するといった楽しみ方を提供する、要するに「一人鍋」だ。

一八年の秋冬に「鍋から〆まで楽シメる！」シリーズを展開し、「鍋〆雑炊 豚肉のごま豆乳鍋」、「鍋〆雑炊 鶏つくねの鶏だし生姜鍋」、「鍋〆うどん 牛すき焼」などを発売した。「鍋を囲む」のではなく、一人で「鍋と向き合う」提案。野菜を多く用いて、独身男性のみならず女性にも好まれる具材を用いて、夕夜間の客層拡大に励んでいる。

セブン‐イレブンは、夕夜間を意識した商品開発に早くから対応してきた。一七年には「一食完結型弁当」だけではなく、惣菜やスイーツを組み合わせたビュッフェ的な食事提案を取り入れた。単体の弁当よりも、客の健康に良く、満足度も高く、したがってリピーターをつくれると考えた。家族で食べれば、おかずをシェアできるので、ビュッフェの楽しさも提供できる。もちろん、店側にとって一番の目的は客単価のアップである。

具体的なイメージとして、豚焼肉弁当を買って「一食完結」してもらうのではなく、白飯、筑前煮、豚しゃぶサラダなどを組み合わせた食事を楽しんでもらう、といった提案である。ちなみに前者の八三二キロカロリーに対して、後者は六八五キロカロリーなので、これにスイーツを一品つけても「罪悪感」は持たれないであろう。

要は、惣菜やサラダ、スイーツを訴求していけば、いわゆる「コンビニ飯」と呼ばれる、手軽で安直な利用だけではなく、夕食のテーブルに堂々と並ぶ商品に育成できると考えたのであろう。

翌年には、酒類との併売を意識した商品開発と品揃えにも取り組んだ。一般に酒類を購入している客は買上点数が多く、結果として客単価が高い。セブン‐イレブンによると、通常の買上点数が平均三・二点なのに対して、ビール、リキュール、ワインを購入する客の買上点数は五点以上になるという。

特にビールとの併買率が高いのは、他の酒類を除くと、惣菜、珍味、カウンター商材のフライヤー（揚げ物）といった商品になり、セブン‐イレブンは冷凍食品のPB、揚げ物、新規にカウンターに設置した常温ケースの「焼きとり」の強化を図った。

すでに一七年から、ファミリーマート、ローソンも、焼きとりを本格導入していた。二チェーンともサイズにこだわったジャンボタイプであるが、セブン‐イレブンのそれはサイズの大きさで競っていない。その分、品質に自信があるということなのだろうか。一八年の秋から首都圏を皮切りに展開を始めている。

フライヤーは夜の時間帯になるほど売上が伸び、一方の焼きとりも売れるのは夜の時間帯になるのだという。この夜の時間帯に酒類と焼きとりを強化することによって、集客が弱くなる時間帯をカバーする一助とした。

「冷凍食品」が新たな武器になる

セブン‐イレブンの新レイアウト導入の説明で、過去一〇年間で最も拡大した商品は冷凍食品と記した。セブン‐イレブンに限らず、各チェーンともに冷凍食品の商品開発と、それにともなう売場の拡充を急いでいる。それはコンビニ市場に適した、新しい冷凍食品の創造と言ってよい。

従来のコンビニの冷凍食品といえば、翌日の子どもの弁当用に、母親が前の晩に冷蔵庫におかずがないことに気がついて、急きょ買い求めるといった用途であった。

そのコンビニの冷凍食品に風穴を開けたのは、二〇〇九年にセブン‐イレブンが発売した焼き餃子と焼売である。その前年、中国産冷凍餃子中毒事件が起き、その影響から冷凍食品全般が売上を落としていた。そもそも冷凍食品市場は、火曜日、水曜日、五割引きといったスーパーマーケットの売場で育ってきたものだ。

コンビニの売場から冷凍食品がほぼなくなり始めたころに、あえて一人用の焼き餃子と焼売を発売した。すると単身者や高齢者が増えてくる中で、これら個食用の冷凍食品が大ヒットした。コンビニは、個食用の商品に強かったものの、冷凍食品メーカーは個食用に力を入れておらず、売場も対応してこなかった。

その後、かつてはアイスクリームだけの品揃えであった冷凍平ケースには、挽きたてアイスコーヒー用の氷入りカップや、冷凍食品を入れることで、年間を通して効率的な売場に変えてきた。

その流れが現在まで続き、コンビニ冷凍食品の市場が徐々に拡大して、セブン‐イレブンの場合は新レイアウトによって品揃えの充実を図っている。一九年春に執行役員商品本部長に就任した高橋広隆《たかはしひろたか》は、「売場を拡大したのだから冷凍食品の売上が上がりました、という考え方をしていない。新しい可能性、新しいハードを（チェーン本部から）もらったのだから、そこに入れるソフトこそが一番重要なのだと認識している」と、新たなヒット商品の開発に勤しんでいる。

コンビニらしいセブン‐イレブンの冷凍食品は、一八年秋に開発した「おかづまみ」シリーズだ。「手羽中唐揚げ」「甘辛だれの牛ホルモン焼」「チーズタッカルビ」といった一～二人用のおかずにもなるし、酒のつまみにもなる商品である。肉類以外にも「なすの揚げびたし」「海老と野菜のアヒージョ風」など、野菜や魚介を拡充している。さらに一九年には「きょうのおかず」シリーズとして「炭火で焼いた牛カルビ焼」「豚の生姜焼き」「海老チリソース」を投入している。

冷凍食品と並び、カウンターフーズにおいても、おやつやスナックだけではなく、「惣菜」をいっそう強化している。おやつやスナックは、若者や学生の間食需要を満たしているので、これはこれで重点商品だが、セブン‐イレブンは特に食卓に上がる惣菜をカウンターフーズとして充実させている。

コンビニは、早朝および昼の需要については、立地の優位を活かして取り込んでいける。課題は消費者が、比較的時間をかけて買物ができる夕夜間にある。その時間に競合チェーンのみならず、ドラッグストアやスーパーマーケットといった店舗で買物をするのではなく、いかにコンビニに足を向けてもらうかが問われてくる。そうした戦略の一環に、冷凍食品やカウンターフーズの拡充があるのだ。

巨大流通業者「アマゾン」への対抗策

アマゾンをはじめとするEC（電子商取引）市場が急激に拡大する中で、消費者にとって最も身近で便利な商売をするコンビニ業態は、この新たな巨大流通業に、どう対抗すべきなのか。

「消費者と流通業者を結ぶ最後の距離をどう縮めるか？」という「ラストワンマイル問題」は、コンビニ業界の懸案であった。すでにEC事業者による「宅配」が急増し、コンビニも受け取りの拠点として活用されている。クリスマスが近づくと、カウンターの背後に山と積まれたアマゾン絡みの梱包物を、私たちはコンビニで見ることができる。

こうしたEC事業者の単なる受け取り拠点に甘んじることなく、コンビニが自ら顧客のもとに商品を届けられないのか。

「アマゾン対策は何かお考えですか？」

ここ数年、アマゾンが話題になるたびに記者会見でコンビニチェーン・トップは、マスコミから質問を受けてきた。一八年五月、セブン‐イレブンは、札幌・小樽地区で実証実験中の「ネットコンビニ」を全国に展開する意向を示した。実施中の二五店舗を一八年七月に札幌市内の一〇〇店舗に拡大し、さらに北海道ゾーンから順次全国で展開を図っていくという計画を示した。

これは、利用者がスマートフォンの専用アプリを使って、近隣のセブン‐イレブンに店頭で扱われている商品を注文すると、店舗でピッキングされた商品を最短二時間で受け取ることができるサービスだ。

配達は、大手運輸企業の西濃運輸グループがセブン‐イレブンと業務提携して設立した子会社が担当する。一八年九月六日、北海道を襲った北海道胆振東部地震を契機に一部見直しが入り、当初の計画に遅れは出たものの、現在も継続中である。

このネットコンビニがアマゾンに対して、どのような優位点を持つのであろうか。アマゾンが市場シェアを独占する中、セブン‐イレブンは自らの強みを活かしたECの研究を続けてきた。その結果、二つの強みを軸にしたECに絞り込んだ。簡単に言えば「店舗」と「商品」である。

第一の「店舗」については、店を「在庫拠点」と見ると、全国約二万店にある在庫の総額は一五〇〇億円にのぼる。その在庫を有効活用すれば、「お客様に早く、効率的に、お届けすることが実現できる」とセブンの担当者は説明する。店頭に陳列されている商品は、一日一〇〇〇人の買物客の目に触れ、購入されていく。その商品を、店の外にいる人たちに情報発信し、スマホアプリ上の陳列在庫と見なしていこうという取り組みだ。

ネットコンビニで利用できる店舗は、自宅の周辺だけではない。職場の近くであっても、旅行に行った先でも、近くに店舗があれば注文が可能である。

第二の強みは「商品」。コンビニ業態は、米飯やパン、惣菜といった朝昼晩の食事需要に対して、即食できる商品を多数揃えている。デイリー商品の他、二リットルの水、米、トイレットペーパーといった、持ち帰るには重くてかさばる最寄品にも需要がある。冷凍食品も、通常の店舗と比較してよく動くという。

コンビニは毎週一〇〇アイテム近くの商品が入れ替わる。二八〇〇アイテムに固定されず、常に大量の新商品が提案されることにコンビニの魅力がある。ネットコンビニも新商品を積極的にフィーチャーしていく。

こうしたお届けサービスとして、すでに二〇〇〇年九月には「セブン・ミールサービス」を立ち上げている。自宅でも店舗でも、弁当や惣菜を中心に、一部雑貨も受け取れるサービスだ。店頭では扱っていない、栄養管理士が監修した弁当がスタート時の柱であった。このミールサービスを利用している年齢層は、六五歳以上の人たち。一方、宅食サービスのマーケットは、三〇代、四〇代の人たちが増えている。

当時セブン‐イレブンの社長であった古屋一樹《ふるやかずき》は、ネットコンビニを次のように説明する。

「ミールサービスだけではなくて、われわれはもっと、お客様に近くて便利なサービスができないのかを考えたときに、いつでも、どこにいても、最寄りのセブン‐イレブンに頼むことができる。ここが原点なのだと認識した。スマートフォンの保有率が八〇％になった今、スマホを使って約二八〇〇の商品の中から最寄りのセブン‐イレブンに即座に注文ができて、ある程度の時間内に受け取ることができれば、こんな便利なことはない。今回の取り組みスキームは、私はセブン‐イレブンの、今後さらなる成長の大きな柱として期待している」

今後はネットコンビニとミールサービスは、すみ分けをして並走させていくという。

「ドローン」を使って「からあげクン」を売る

一方で「飛び道具」としてドローンを活用した実験も始まっている。

ローソンと楽天は、既存の専用車両による移動販売と、ドローンによる商品配送を連携させた取り組みを、一七年一〇月三一日より「ローソン南相馬小高店」を拠点に試験的に開始した。店舗が立地する福島県南相馬市小高区は、福島第一原発事故の影響による避難指示区域であったが、一六年七月に指定が解除され住民の帰還が進んでいる。その一方で、食料品や日用品を扱う商店が不足しており、買物環境を向上させる課題が浮上していた。

ローソン南相馬小高店は、避難指示が解除された三カ月後の一六年一〇月に、新しいオーナーのもとで営業を開始した。小高区に移動販売車による販売を週二回実施し、そのうち週一回で「楽天ドローン」の専用機をともないサービスを提供する。

ローソン社長の竹増貞信《たけますさだのぶ》は、ラストワンマイル問題への取り組みについて、次のような背景を語っている。

「シニアの方々が核家族化している。その一方で自由自在に動くためのツールが少なくなっている。買物に行くにも、バスが一時間に一本来ればまだいいほう。しかも地方では（スーパーマーケットや商店街などの）買場がなくなっている。そうした核家族化したシニアの方々のニーズをどう取り込んでいくのか、ハードの母店を活用して、そこから移動販売、さらにはドローンにつなげていく。そこに今回の取り組みの意義がある」

ドローンを活用した商品の受け渡しと会計業務を簡単に説明すると、次のようになる。
ローソン南相馬小高店から商品を積んだ移動販売車が指定の場所に向かう。その間に注文を受けた「からあげクン」のようなファストフードの商品を、ローソンのスタッフが専用ボックスに梱包し、ドローンに搭載する。ドローンの操作は楽天の操縦者が担当するが、タブレットをタッチするだけで、インプットされた目的地に向けて飛行させられる。ドローンが移動販売車の待つ指定の場所に着陸すると、ローソンのスタッフが商品を取り出し、移動販売車に搭載したレジで会計し、客に手渡すといった手順だ。

ローソンの商品の中で、特に需要が見込まれるのがカウンターで販売する「からあげクン」などのホットフーズである。移動販売車には手洗い設備がないため、食品衛生法上、本来ならカウンター商材は販売できないが、店舗スタッフが梱包した商品を直接ドローンに積んで送り届ける分には問題はない。もちろん、ホットフーズ以外でも、重量制限以内なら、何でも運ぶことができる。

同じ買物困難者支援というミッションを持つローソンの移動販売車と、楽天のドローン配送がコラボレーションし、今までにない革新的な利便性を提供する機会になると、両社は認識しているようだ。

「自販機型」「複合店舗」という発想

ラストワンマイル問題が、買物困難者への支援と密接に結びついているとすれば、コンビニチェーンが展開する自販機は、それを解決する一つの手段となり得る。実際にコンビニの自販機は急増している。

セブン‐イレブンは一七年九月、一定のニーズがあるものの出店するには商圏人口の少ない極小商圏「マイクロ・マーケット」に対応するため、食品自動販売機「セブン自販機」のテスト設置の開始を発表した。オフィスビルや工場、物流センター、学校などの従業員休憩所や待合室、食堂などへの設置を想定している。

ローソンは一七年七月より、交通系電子マネー専用のセルフレジを導入した設置型オフィス内コンビニ「プチローソン」のサービスを、東京都二三区内先行で開始した。

このマーケットに最も早く参入し、先行するのがファミリーマート。「オートマチック・スーパー・デリス」と呼ばれるシステムを導入している。自販機型コンビニは、かつてam／pmが事業化していたが、二〇一〇年の合併でファミリーマートが引き継ぐかたちとなった。この時点で約七五〇台。セブン、ローソンが参入した一七年には、二一〇〇台にまで増やしている。設置エリアは現状、関東、関西、中部、九州の都市部が中心で、通常の店舗では出店が難しい閉鎖商圏に展開している。

設置している高層ビルでは、ランチ時にエレベータを下りて上がるだけで、一〇分以上もかかってしまう。そうした時間を節約してゆっくり休憩したいオフィスワーカーにも好評なようで、設置している台数の約半分はオフィスビルにあるという。

客の利便性を軸にすれば、単店舗よりも業種の異なる複数店舗が同一敷地内にあれば、より便利になる。しかし、業種業態問わず何でも一つに詰め込めばよいという話ではない。基本として、購買頻度や利用頻度が似ている業種業態でなければ、客にとっても意味はないし、店側にとっても非効率になる。週に複数回の利用があるコンビニの敷地に宝飾店があっても、両店に相乗効果は生まれないだろう。

開発や地主の都合上、コンビニとラーメン店、理髪店、書店、カフェなどが同一の敷地に出店したケースもあるが、コンビニチェーン本部が組織的に複合出店を推進した例は少なかった。そこに、ファミリーマートが開発した「二四時間フィットネスジム」と「二四時間コインランドリー」との複合出店が始まった。

ファミリーマートが運営する二四時間フィットネスジム「Ｆｉｔ＆ＧＯ」は、一八年二月に一号店の大田長原店をコンビニの二階にオープン、以降は首都圏を中心に展開している。Ｆｉｔ＆ＧＯは、プール設備やエクササイズスタジオを持たないマシン特化型の二四時間ジムであり、「エニタイムフィットネス」など、この二四時間利用できる形態のジムは日本でも流行している。

新たな市場に切り込んでいくＦｉｔ＆ＧＯの優位性は、コンビニとの併設にある。既存のファミリーマート店舗には毎日八〇〇～九〇〇人が来店する。この客数に、施設の利用を訴求できるメリットは大きい。集客のポテンシャルの高い立地をすでに確保しているのだ。

コンビニとの併設により、「安心感」も訴求できる。隣接する店舗が夜間帯に営業している事実は、利用者にとって心強いもので、事実、既存のフィットネスジムの約一五％がコンビニに近接して立地している。

それではＦｉｔ＆ＧＯは、コンビニの事業にどのようなシナジーを発揮しているのか。Ｆｉｔ＆ＧＯ大田長原店では、毎日九〇人が施設を利用し、その五四％が運動前か運動後に一階のファミリーマートに来店し、一日三万円程度の売上の押し上げに貢献している。

もう一つ、ファミリーマートが運営する二四時間コインランドリー「Famima

Laundry」は一八年三月に一号店「市原辰巳台西二丁目店」をオープン、多店舗展開を始めた。

コンビニは一般的に雨天時に客数が減少する。逆にコインランドリーは客数が増加し、一・二倍から一・三倍に売上が伸びる。相互送客により、コンビニにとって雨天時の客数対策となる。またファミリーマートは駐車場を有しているため、駐車場を持たない競合店に対して優位性を発揮している。相乗効果の結果として、一日にランドリーを利用する四〇～五〇人のうち、六～八割がコンビニを利用し、毎日三〇人前後の客数増に貢献しているという。

もともとランドリーは無人店舗を想定しているので、作業は清掃と集金くらいだ。ランドリー市場は成長期にあり約二万店が出店している。将来的にはコンビニの数に近づくとする予測もある。

これら二つのサービス施設とコンビニとの相性を、別の視点から検証してみよう。

二四時間フィットネスジムは、コンビニと同様に、欲しいときに（体を動かしたいときに）、欲しい商品を（使用したいマシンを）、欲しい量だけ（トレーニングしたい時間だけ）、購入できる（ジムを利用できる）と、両者が掲げる利便性の高さが一致している。

もう一つのFamima Laundryについても、欲しいときに（洗いたいときに）、欲しい商品を（使用したい洗濯機や乾燥機を）、欲しい量だけ（洗濯したい量だけ）、購入できる（洗濯できる）と、利用者のニーズが一致している。

ファミリーマートによると、コインランドリー市場は「共働き世帯や単身世帯の増加にともない、日中に洗濯をできない方や、週末にまとめて洗濯する方が増えていることに加え、都市部を中心としたタワーマンションなどでは洗濯物を屋外に干すことができないなどから、年々拡大している」状況で、「セルフサービス式で、自宅では洗うことが難しい布団なども手軽にお手頃な価格で洗濯できることから、主婦を中心とした女性に支持を得ている」という。

またファミリーマートでは、約五八〇〇店にイートイン施設を設置しており、待ち時間に店内で飲食をする客など併設店への売上増にも期待をかけている。

今後、コンビニは、どういった業種とコラボが可能なのか。アイデアレベルではいくらでも出てくるが、コラボする相手が、コンビニの強みである二四時間営業を活かさなければ、効果は十分ではないし、仮に二四時間対応しても、深夜帯の「人手」が新たに発生するのであれば長続きはしないだろう。

女性の就業率が上昇するにしたがって、本来は昼間に利用していた施設やサービスの使用が難しくなり、夜間でも安心して出入りできる施設を探し求めるニーズが強くなる。その際に夜間の「人手不足」が大きな壁になる。だからこそ、コンビニ店舗のスタッフは基本的にはノータッチが前提になる。紹介した二四時間フィットネスジムも二四時間コインランドリーも、それをクリアしている。

コンビニは、既存の業種の商品やサービスを店に取り込む中で市場を拡大してきた。現在は有人サービスであっても、ＡＩの活用により、将来的に無人になるサービスも出てくるかもしれない。どれだけ知恵を働かせて夜間の人時を削減できるのかが、コンビニ店舗にとっても併設する異業種にとっても、これからの成長に欠かせない視点となるだろう。

三　「二四時間営業問題」と深刻な人手不足

なぜ「二四時間営業問題」は起こったのか？

ここまで見てきたように、顧客と最も近い距離で「変化への対応」を徹底してきたコンビニ業態だが、その屋台骨を支える「加盟店」への支援が追い付かず、二〇一九年春、鬱《うっ》積《せき》した課題が一気に噴出することになる。

コンビニは「意志のある踊り場」なのか……。

一九年度のセブン‐イレブンの事業計画は、創業期を除いて過去最少の純増一〇〇店舗に留まった。出店計画に急ブレーキを踏んだと言ってよい。別会社が運営する沖縄出店分の五〇店舗を含めても純増一五〇店舗と抑制幅が極端に大きい。

セブン&アイ・ホールディングス社長の井阪隆一は、「かなり絞って純増一〇〇店舗。一店舗当たりの売上を伸ばしていきたい」と決算会見で説明し、〝意志のある踊り場〟とし、「踊り場」は休息の場ではなく、次の成長を約束する準備の場であるとした。

懸念事項の一つはチェーン本部にある。販管費率の増加と営業利益率の低下だ。井阪は自戒を込めて次のように説明する。

「東日本大震災後に、今までコンビニを使ったことのないお客様に来店いただき、既存店前年比六二カ月連続クリアも達成できた。ところが調子に乗って成長・拡大路線を続けてきた結果、何が起きているかというと、ワニの口のように販管費率のアップと営業利益率の低下が起きてしまっていた」

「ワニの口」とは、折れ線グラフで見たときに、販管費率が年ごとに右肩上がりに推移し、その逆に営業利益率が年ごとに下降していく形を形容したものだ。井阪は販管費の中でも、地代家賃の増加を問題視した。〇九年の七二二億円が一八年で一八一一億円となり、約二・五倍。店舗数は〇九年の一万二七五三店舗が一八年で二万八七六店舗となり、約一・六倍。店舗数の増加以上に地代家賃の増加が著しく伸長している。

そこで、出店基準と閉店基準を改めて厳格化し、新規出店を抑制し、低採算店の閉店を加速させ、既存店全体の質の向上を図っていくとした。地代家賃の上昇は、大都市部への出店に起因している。おそらくは「純増」の数字を下げないために、首都圏など伸びしろのある立地に多少無理な店舗開発を進めてしまったのであろう。

セブン‐イレブンに限らず、ファミリーマート、ローソンも同様の懸念事項を抱えている。出店の候補地が減り、数合わせに走り、売上予測を誤ると、セブン‐イレブン同様に厳しい収支となる。セブン‐イレブンの出店抑制と同調するかのように、ファミリーマートも純増が一〇〇店舗、ローソンは純増ゼロの予算を組んだ。いずれも既存店への投資を強め、出店を抑制して、低採算店の縮小を図っていくためだ。

大手三チェーンの出店抑制は、チェーン本部の利益率の改善になる一方で、もう一つの大きな狙いが、加盟店による健全な店舗経営であり店舗収益の改善である。

一九年春に二四時間営業に関して、東大阪市のセブン‐イレブン加盟店が、チェーン本部の許可なく深夜時短営業に踏み切った。この「深夜時短営業」に関する軋轢が、大手メディアで報じられると、ネットやSNSを巻き込んだ騒動に発展した。

発端は深夜帯の人手不足、それを招いた人件費の高騰である。最低賃金は全国加重平均で、〇八年の七〇三円から一八年には八七四円と、二四・三%も上昇している。

一方で、コンビニ店舗の売上総利益は、おおむね伸長しているとはいえ、二五%近く高騰した人件費をまかなえるほどは増加していない。多くの加盟店は、店舗運営に投じる総人時数を削減してなんとか乗り切っている。

とはいえ、店舗によっては「アイドルタイム（客が少ない時間帯）」や深夜帯の「ワンオペレーション（従業員が一人で作業すること）」をすでに実施しており、店舗の努力だけでは、今以上の人時削減が厳しいところが多い。ＡＩやＩＴを活用した先端技術によるチェーン本部主導の改革が急務である。

実際に大手チェーンを中心に、一日一人時、二人時と、人時削減に向けた取り組みを推進してはいるが、追い付いていないのが現状であろう。

疲弊するコンビニオーナーの本音

経済産業省はそのような実態を調査するため、「二四時間営業問題」が議論になる直前の一八年の暮れから一九年にかけて、コンビニ加盟店に向けた大規模なアンケート（意識調査）を実施していた。

騒動を経て、翌四月になると、当時の経済産業省の世耕弘成《せこうひろしげ》大臣が、コンビニチェーン本部トップに「意見交換」を求める異例の展開となった。同月、チェーン本部から一斉に「行動計画」が発表される事態となる。前述した通り、コンビニチェーン大手が出店を抑制して、既存店の活性化に注力すると発表する。コンビニの土台が揺れ動いた。

世耕大臣が最も注視したのが、コンビニの「持続性」である。社会のインフラ、生活のライフラインと呼ばれ、人々の日常生活に密着したコンビニは、単に弁当や飲料、日用雑貨を販売しているだけではなく、宅配の受け取りや、その他サービスの提供、さらには災害時の拠点となるなど、非常に大きな役割を担っている。

ところが、経産省が実施した加盟店オーナーの意識調査を、四年前に実施した同じ調査と比較すると「持続性」の観点から、明らかに赤信号が灯っている。加盟店の環境が厳しくなっているのである。

調査対象は日本フランチャイズチェーン協会加盟の八社の加盟店オーナー。加盟店オーナーの本心がストレートに聞けるように、回答の回収や送付にチェーン本部が一切関わらないようにした。調査を担当した経済産業省の担当官は次のような問題意識を持って臨んでいる。

「人材不足が大きな社会的な課題となっている。中でも長時間営業をしているコンビニ加盟店は、人手不足と、それに関連した人件費の高騰が、かなり負担になっているのではと考えた。前回の調査から四年を経過する機会に、どのような状況にあるのか、直接オーナーに聞いてみたいと思い実施した」

どのような結果になるのか、ある程度は想定したうえでの調査なのだろう。

人手不足に関して、「従業員が不足している」と回答した割合は、四年前は二二％だったのが、六一％に上がった。確かに全国の有効求人倍率は、〇九年のリーマンショック以降は右肩上がりで、一四年の一・一一から一八年は一・六一と上がり、日本全体で求人が困難になってはいる。

理由を見ると「募集しても来てくれないから」「必要な一部の時間帯に勤務できる人が少ないから」が上位にある。その集まらない時間帯の多くが深夜帯である。法令で定められた深夜割増を出しても集まらないのだ。

チェーン本部との関係についての質問では、「あなたは加盟したことに満足していますか」に対して、不満に思っている加盟店オーナーが五年間で一七％から三九％へと倍増している。その理由を見ると、一番上位に「想定よりも利益が少ない」とある。この五年間の加盟店の日販を平均すると、維持されているはずだが、最低時給の上昇によって人件費が高騰した影響が大きいのだろう。

今後の展望に関しては、「あなたは次回のフランチャイズ契約更新をどのように考えていますか」に対して、五年前と比較すると、「更新したい（経営を続けたい）」が六八％から四五％へ、「分からない（無回答、分からない、その他）」が一六％から三七％へ、「更新したくない（経営を止めたい）」が一七％から一八％へと変化した。

次回の更新を明確に拒否した割合は、実はさほど変わっていない。しかしながら、積極的に更新を希望する加盟店オーナーが二〇ポイント以上も減少し、その減少した分が「分からない」と答えている。

社会のインフラ、生活のライフラインとして信頼の置かれた世界に誇れる日本型「コンビニ業態」だが、実は店を経営する加盟店オーナー自身が将来に疑問符を抱いている事実が明るみに出た。

先の担当官は、「コンビニ第一世代が、そろそろ代替わりとなり、八〇年代、九〇年代に加盟したオーナーが後継者を考える時期に来ている。新規オーナーを迎えるにせよ、子どもに継がせるにせよ、夢が持てないと、フランチャイズ・システムは持続しない。その夢を、どこに求めるのか、きちんと考えて、共存共栄を図ってもらいたい」と言った。

「今後の店舗経営を考える際に、不安に感じることは何ですか」の質問に対しては、上位二つは「従業員の費用が上がること」と「従業員を集められないこと」。人件費が毎年上昇する中で、売上や利益の伸長が止まれば、将来的に店舗を維持できない。作業に関わる総人時数の削減を、ぎりぎりの線まで絞っているとすれば、あとはチェーン本部が主導して、店舗の構造改革をスピード感を持って推進していくしかない。

「あなたが経営する店舗において、強化してほしい・新たに実施してほしい取組は何ですか」に関しては、「期限切れ商品のリサイクル」を、実に半分の加盟店オーナーが希望した。食品ロスは、チェーン本部による一部負担もあるが、加盟店にとって非常に重たいコストとなる。米飯のチルド化、惣菜の冷凍食品化により、廃棄コストを徐々に削減している加盟店もあるだろうが、月額数十万円にのぼる食品廃棄ロスは、人件費の次に来る大きなコストであることに変わりはない。

この廃棄金額の削減が、加盟店オーナーの利益に直結するため、店舗の「持続性」の観点からも改善するべき課題になるだろう。各コンビニチェーン・トップは、「意見交換」を経て「行動計画」を発表し、加盟店とチェーン本部とのコミュニケーションを活性化させ、既存店強化の方針を示す格好になった。

「世間の声」は聞き入れるべきか？

前述した東大阪市のセブン‐イレブン加盟店が、チェーン本部の同意なく深夜帯を閉店にした件について、現場レベルでは双方に言い分はあるだろう。マスコミでは報じられない細かな話もたくさん聞こえてくる。ただし結果として、深夜休業の是非に関するSNSや匿名のコメントを読む限り、加盟店の主張を世論が支持したことは事実であろう。

その「二四時間営業問題」に、セブンが慎重な構えを見せたのに対して、当事者ではないファミリーマートとローソンが、いち早くチェーンの方針を表明している。危機対応のセオリー通り、迅速に「見直し」の検討に入り、具体的な実験にも積極的な姿勢を示したかのように見える。

その後、東大阪市のセブン - イレブン加盟店は、「日曜日休業」をチェーン本部に通告している。本部は休業した時点で契約を解除すると書面で回答し、撤回するように協議を求め、加盟店側も見送る意向といった報道がされた。

この報道に対しては、深夜営業に同情的だった論調が反転して、加盟店オーナーに厳しい言葉も投げかけられている。本部も加盟店も意外だったかもしれないが、世論の移り気を認識するには十分すぎる反応であったかもしれない。

ただし世論への対応を誤ったために、チェーンの存続が危ぶまれる事態にまで発展した事件を、私たちは「目撃」している。すでに会社側が法的責任を認め、和解が成立しているので、屋号は出さないが、青年実業家として一世を風靡した、カリスマ社長率いる居酒屋チェーンである。

連日の残業により、心身ともに疲れ果てた新入社員の女性が、二〇〇八年に過労自殺した事件が起こった。当初、経営者が無理解な姿勢を示したため、世論を敵に回し、店の営業にも大きな打撃を与え、大々的に看板を代える事態にまで発展した。

同チェーンの経営理念集に記されている「三六五日二四時間死ぬまで働け」は、週刊誌などで叩かれた。今でこそこのフレーズに、一般的な感覚なら拒否感が先に立つであろうが、八九年にドリンク剤のＣＭに使用された「二四時間戦えますか」は、その年の流行語に持ち上げられている。もちろん二四時間を茶化した側面もあるが、当時は少なくとも拒否反応はなかったはずだ。

こうした空気の変遷を、コンビニチェーン本部の経営層は知っているし、居酒屋チェーンの事例から、危機管理の対応を誤れば加盟店の売上に打撃を与える事態にまで発展する可能性を学んでいるはずである。「二四時間営業問題」に関して、「スピード感」を持った対応は、そういった背景があるのではないか。

筆者は時短営業を一概に否定する立場にはない。小売業は立地産業である。近年は近隣に複数店を構えるオーナーが増加している。A店は深夜帯に休業するが、近隣のB店は営業すると時間をかけて告知すれば、商圏の顧客は納得するのではないか。あるいは朝昼に客数が集中し、夕方以降は客数が激減する立地などは、見直しの対象にしてもよいかもしれない。

しかしながら、深夜帯の休業は、そろばんを弾いて想定した「売上減」以上のマイナス効果が憂慮されている。深夜帯の休業が昼間の売上減を招くことは、よく知られているが、果たして二四時間営業を「当然」としてきた世代にどう影響を及ぼすのか、チェーン全体のイメージをどう変えてしまうのかは、検証するのに時間を要するであろう。

一日三便から二便への「逆行ではない」取り組み

二〇一九年九月、セブン‐イレブンがデイリー品の三便配送体制を、おにぎり、サンドイッチを除いて二便体制に切り替える方針を示した。マスコミはそれほど注目しなかったが、コンビニの歴史を振り返ると、一つの転換点ととらえられる改革といえるだろう。

第三章で述べたように、セブン‐イレブンが一号店を開設した当時は、一日七〇台の配送トラックが二〇坪の豊洲店へ納品していた。その後、集約化と共同配送を推進し、八七年三月には共同配送による一日三便配送体制へと移行させた。

では、なぜ三便体制から二便体制なのか。セブン‐イレブン・ジャパン執行役員商品本部長の高橋広隆はこう説明する。

「一日三便体制を敷いた一九八七年当時、二四時間以上の販売期限があるデイリー商品はゼロだった。しかし今は納品から二四時間以上、並べられるデイリー商品が七〇％を超えている。それなのに、同じサプライチェーンの仕組みを続行している。これを考え直していいのではないか」

八七年当時は二〇度で管理する定温弁当が主流であり、販売期限は納品から一五時間程度だった。その多くを五度で管理するチルド弁当に置き換えることで、販売期限をプラス四八時間延長できるようになった。店着後に二四時間以上販売できる商品が増えたのだから、仕組みを変えるときが来たという認識である。

セブン‐イレブンは定温（二〇度前後）で管理された弁当の一部をチルド（五度前後）、および冷凍にシフトしている。定温の弁当やおにぎりは、温めなくても食べられるので、一定のニーズはあるものの、廃棄ロスになりやすい。その点、チルド弁当はロスが少なく、冷凍の米飯にいたっては限りなくロスがゼロに近くなる。

背景の一つとして、グループが推進する環境宣言「GREEN CHALLENGE 2050」がある。食品ロスを二〇三〇年までに半分に低減、五〇年には七五％削減する目標を掲げているのだ。

そこで初めに二便体制に臨んだ地が、一九年七月一一日に初出店した沖縄である。四七都道府県の最後の出店地となる沖縄は海に囲まれているため、新たなドミナントを形成するときに、隣接する専用工場や物流業者の応援を得られない。製造から物流、販売までのサプライチェーンを、一から構築する必要がある。沖縄を先鋭的なアンテナエリアと位置付けて、新たなモデルを組み立てるには好都合であった。製造から販売にいたるサプライチェーンの仕組みをシンプルにした結果、通常は一日九台である店舗への納品が、沖縄では六台にまで合理化できたという。

専用工場、物流業者、そして加盟店も人手不足であり、特に深夜帯はより顕著になっていく。セブン‐イレブンは沖縄スキームを全国二万店に早急に普及させる方針である。

深夜帯の「無人店舗化」への実験

ローソンは、深夜帯に売場を無人にして人手不足を解消する実験を、二〇一九年八月二三日より期間限定で、横浜市のローソン氷取沢町店でスタートさせた。

午前〇時から午前五時まで売場に従業員を配置せずに、客にはセルフ決済をしてもらう。二四時間営業店舗の限られた時間とはいえ、一店舗の売場をまるまる無人にするのはコンビニチェーン大手では初めての試みとなった。

実験店ではバックヤードに従業員一人を残している。「無人」というと、中国で開発が相次いだITを活用した完全無人店舗を連想するが、当面は一人は配置して緊急時の対応をする。ただし、ゆくゆくはバックヤードに人を置かずに、深夜帯の完全無人化の実験も検討していくという。

売場が無人となるため、不審者の来店や盗難を抑止する必要がある。そのため入り口で、QRコードによって認証する方法と、顔撮影によって確認する方法で、来店者の確認を行う。QRコードによる認証は、ローソンアプリ、または店内で配布する入店カードで行える。このQRコードを直接、入店機器にかざすことで自動ドアが開くシステムだ。QRコードを持っていない客も認証できるように、入店する前に顔撮影をする装置も設置した。

困ったときのために、お客様サポート用のインターホンも設置した。入店方法がわからない、あるいは有事の際はインターホンを利用できる。仮にバックヤードの従業員をゼロにした場合は、監視センターや警備会社などが対応することになる。

会計は通常の有人レジを休止して、スマホレジ、または自動釣銭機付きのセルフレジを利用してもらう。

商品とサービスについては、からあげクンなどのファストフード、切手の販売、収納代行、チケットサービス、宅配便の受け取りや発送のサービスは休止する一方で、ＡＴＭコピー機、トイレの利用は可能にした。酒とたばこは成人確認ができないので、販売できない。誤って購入しないように、カウンターとケースにはシャッターやカーテンを下ろして手に取れないようにしている。

懸案事項は酒とたばこの売上である。○時から五時までの間に、酒、たばこの販売ができないことが、どのような影響を及ぼすのか。もっとも酒、たばこの成人確認は、技術的には可能な土壌はある。法制度の見直しを踏まえて、客の利便性の向上と、店の負担軽減を同時に実現する営業形態が求められる。

深夜営業の可否を語る際、必ず浮上するのが物流をどうするかだ。コンビニは、発注から製造、配送まで構築したラインにより、ドミナントに効率よく商品を供給している。そのため、一店舗だけで配送時間の変更はできない。その点に関して、実験店においては納品時間の変更はせず、配送業者が店内の所定の場所へ納品するようにした。

深夜無人の実験をマスコミにリリースするにあたり、ローソンは「深夜無人店舗」ではなく、「スマート店舗（深夜省人化）」の実験と言葉を選んだ。二四時間の無人店舗は、中国で盛んに開発されてきた。大量出店のパッケージとして期待されたものの、「巨大な自動販売機」と称されて、敬遠される傾向にある。そんな情勢に鑑みてか、「無人化」を目的にした実験ではないとしている。

コンビニ店舗の中には、深夜帯をワンオペレーションにしているところは数多くある。現状の多々あるワンオペレーション店舗との違いは、従業員の業務をバックヤードで作業できる範囲に限定した点にある。深夜帯に人が集まらない理由として、入店客とのトラブルやサービス業務の複雑化がある。昼間のようにフォローする店長やベテランの従業員が常に勤務していればよいが、深夜にワンオペレーションになると、一人ですべてに対処する必要に迫られる。

しかし、ローソンの実験は、基本的に客との接点はなく、販売業務もサービス業務も清掃業務もないため、客からの問い合わせも基本的にはない。時間帯ではなく、業務内容からコンビニの就労を敬遠していた高齢者などに、深夜帯の勤務をアプローチできるかもしれない。

「外国人スタッフ」を十全に受け入れる

深刻な人手不足の影響もあり、外国人スタッフの数が急増している。コンビニ店舗の外国人スタッフといえば、二〇〇〇年代は中国人が圧倒していた。東京・港区の店舗でも、早朝のレジ業務三人全員が中国人といった光景が見られた。現在は中国国内の景気を反映してか、中国人の比率が低下し、代わってベトナム人が主流になってきた感がある。

いずれにせよ、外国人スタッフの力を借りる必要性が高まっていることは間違いない。その状況に対して、オペレーション業務を円滑にするための施策を各チェーンは行っている。

ローソンが一七年末に導入を始めた新型の自動釣銭機付きレジは、誤操作時に正常な画面に戻す方法や伝票処理の操作などで、多言語対応している。その多言語とは、中国語、ベトナム語、そしてネパール語だ。それを知ったときは、「なぜネパール語か?」と疑問に思ったが、解は沖縄にあった。

一九年七月、沖縄ファミリーマートを取材した際、店舗スタッフ募集の外国人向けテレビCM集を見せてもらった。その対象としている外国人が、ネパール人だった。CMはネパール人も登場するコント仕掛けの内容で、最後はネパール語の音声と文字を使って、従業員募集をしっかりと告知している。

一八年一〇月末の沖縄労働局による調査によれば、県内の外国人労働者数は八一三八人で、国籍別では、ネパールが最も多く一九九八人(二四・六%)、ベトナム一一八六人(一四・六%)、フィリピン一〇一四人(一二・五%)の順となっている。

沖縄ファミリーマートの担当者は、「ネパールは海洋に面していない内陸国であるため、四方を海に囲まれた沖縄の環境に対して憧れが強いのでは」と教えてくれた。外国人スタッフは、年によって増減はあり、地域によっても傾向が異なる。ひとくくりで「外国人」といっても国籍が異なれば、考え方も違ってくるだろう。

ファミリーマートのチェーン本部では、外国人スタッフに向けて、各言語を用いた簡略化した漫画仕立てのマニュアルを用意している。日本人でも多くは読まないであろうマニュアルは、日本語を母語としない外国人にとって、さらにハードルが高くなる。それを楽しくわかりやすくして、理解を高めていこうという狙いだ。セブン‐イレブン・ジャパンも一八年に、レジの操作画面を中国語と英語に対応させている。

ローソン店舗に外国人スタッフを送り込む、ローソンスタッフ社の日本人トレーナーに話を聞くと、外国人にとってハードルが高い仕事が、ファストフードの対応だという。宅配便に関しては扱い方の手順が画面に示されるので意外と難しくないのだが、ファストフードは日本の食生活を知らなくてはいけない。例えば、カツ丼に箸《はし》、麻婆丼にスプーン、焼きそばに箸、パスタにフォークを付けるが、これらに合理的な説明はできないであろう。

外国人スタッフを受け入れる際には、チェーン本部の仕組みにも関わってくるが、どの国籍の人間であろうと言葉や文化の違いにかかわらず、作業しやすいオペレーションが求められている。アメリカのマクドナルドは、当初から多国籍を前提にしたオペレーション・マニュアルを組んで、世界に店舗網を広げてきた。

コンビニが外国人スタッフの受け入れを前提に考えるならば、サービス業務にしても、日本語や日本文化など、日本の常識に頼らないオペレーションの仕組みが求められるだろう。

おわりに

日本型コンビニを創造したセブン‐イレブン創業者の鈴木敏文は「すべてはお客様の立場で」と唱えた。鈴木の一回り上の中内㓛や岡田卓也、伊藤雅俊らが敬愛した近代商業の指導家、倉本長治は「店は客のためにある」と商人哲学を説いた。いずれも、売る側の都合ではなく、買う側の立場で商業を営む理念といってよい。

その理念をもとに、コンビニはさまざまな商品とサービスを積み上げてきた。カウンター上の什器は所狭しと並び、レジから出入り口が見えなくなった店舗もある。サービスは増え続け、シーズンによって荷物の一時保管場所のような店舗も出してきた。新商品は目まぐるしく発売されて、棚の商品の入れ替えの多さは世界のコンビニの中でも日本が突出しているだろう。

チャーハンを買えば、スプーンが付いてくる。それが当たり前だと思って、外国人スタッフが箸を渡すと「スプーンだろ」と声を荒らげる客もいる。洗面所が誰でも利用できるように開放されているのも、アジアのコンビニの中では日本くらいだ。汚れた便器を掃除するのは店主や従業員である。

行政サービスの代行なども、近くて便利なコンビニが引き受けてきた。セーフティーステーションと称して、女性や子どもの一時避難所になった。最近は、認知症が疑われる客が来たら報告するという。

そうやって積み上げてきた、世界を見渡してもどこにもない、こんなにも「お客様の立場に立った」日本型のコンビニが、世論から厳しい目を向けられるなどとは、当のチェーン本部は思ってもみなかっただろう。

足し算ではなく、引き算にシフトすべき、といった声も、かつての幹部社員から聞こえてくる。

去る二〇一六年四月七日、鈴木敏文は緊急記者会見を開いて、グループ経営から退く意向を明らかにした。鈴木が示した事業会社のトップ人事を巡り紛糾、取締役会で否決され、その責任を取って退任するかたちとなったのだ。

一九七九年三月、日本能率協会が主催する第五回日本コンビニエンス・ストア全国大会のパネラーとして壇上に上がった鈴木は、コンビニの未来を次のように見通していた。

店舗展開の可能性としては、二〇〇〇〜三〇〇〇店舗といいましたが食品小売り業七五万軒の1割の七万軒、少なくとも五万軒はＣＶＳの可能性ありと考えています。

（『食品商業』一九七九年七月号）

セブン‐イレブンの店舗数がわずか八〇〇店舗の時代に、鈴木は四〇年後のコンビニの市場規模を言い当てている。二〇一九年一一月末でコンビニ業界全体の店舗数は五万八六五九店舗。「少なくとも五万軒」の店舗数は達成された。

果たして「飽和」なのか、「踊り場」なのか。七万軒に向けて両腕を差し出すならば、誰もが想像しえない新たなコンビニの姿を示すために、今が第二の創業期と位置付けて前へ前へと進んでいかなくてはいけない。

二〇二〇年一月吉日

梅澤聡

参考文献

主な雑誌
『食品商業』商業界／『販売革新』商業界／『月刊コンビニ』商業界／『2020AIM』バリュークリエイター社　※発行元は、参考にした号の刊行当時のものです。

主な書籍
渥美俊一『商業経営の精神と技術』（一九八八）商業界
池田勝彦『コンビニの店舗経営と商品開発の鉄則』（二〇〇六）商業界
川辺信雄『新版 セブン - イレブンの経営史――日本型情報企業への挑戦』（二〇〇三）有斐閣
川邉信雄『東日本大震災とコンビニ〈早稲田大学ブックレット「震災後」に考える〉シリーズ3』（二〇一一）早稲田大学出版部
信田洋二『セブン - イレブンの「物流」研究――国内最大の店舗網を結ぶ世界最強ロジスティクスのすべて』（二〇一三）商業界
田村正紀『セブン - イレブンの足跡――持続成長メカニズムを探る』（二〇一四）千倉書房
本田利範『売れる化』（二〇一八）プレジデント社
矢作敏行『コンビニエンス・ストア・システムの革新性』（一九九四）日本経済新聞社
矢作敏行編著『デュアル・ブランド戦略―― NB and/or PB』（二〇一四）有斐閣
山本憲司『セブン - イレブン1号店 繁盛する商い』（二〇一七）PHP新書